清华电脑学堂

PPT
多媒体课件制作标准教程

全彩微课版 钱慎一 王曼◎编著

清华大学出版社
北 京

内 容 简 介

本书将课件制作与教学设计相结合，利用通俗易懂的语言对课件功能的实现到PowerPoint软件的应用进行了全面阐述。

全书共分10章，详细介绍课件制作的相关理论，讲解如何利用PowerPoint软件来制作教学课件的方法与技巧，其内容涵盖课件版式的设计、文字的应用、图形和图片的插入、表格的插入、声音和视频的添加、动画技术的应用、交互链接的设置及放映技术的设置等。每章正文中穿插"动手练"体例，结尾安排"案例实战""新手答疑"板块。全书结构编排合理，所选案例贴合职场实际需求，可操作性强。案例讲解详细，一步一图，即学即用。

本书适合作为各级教师的培训教材，也适合中小学各科教师、多媒体课件制作人员及PowerPoint制作爱好者阅读使用。

本书封面贴有清华大学出版社防伪标签，无标签者不得销售。

版权所有，侵权必究。举报：010-62782989 beiqinquan@tup.tsinghua.edu.cn

图书在版编目（CIP）数据

PPT多媒体课件制作标准教程：全彩微课版 / 钱慎一，王曼编著. —北京：清华大学出版社，2021.4（2024.8重印）

（清华电脑学堂）

ISBN 978-7-302-57671-6

Ⅰ. ①P… Ⅱ. ①钱… ②王… Ⅲ. ①多媒体课件–制作–教材 Ⅳ. ①G436

中国版本图书馆CIP数据核字(2021)第040516号

责任编辑：袁金敏
封面设计：杨玉兰
责任校对：徐俊伟
责任印制：宋　林

出版发行：清华大学出版社
网　　址：https://www.tup.com.cn, https://www.wqxuetang.com
地　　址：北京清华大学学研大厦A座　　　邮　　编：100084
社 总 机：010-83470000　　　邮　　购：010-62786544
投稿与读者服务：010-62776969, c-service@tup.tsinghua.edu.cn
质 量 反 馈：010-62772015, zhiliang@tup.tsinghua.edu.cn

印 装 者：小森印刷霸州有限公司
经　　销：全国新华书店
开　　本：170mm×240mm　　　印　张：14　　　字　数：307千字
　　　　　（附小册子一本）
版　　次：2021年5月第1版　　　　　　　　　　印　次：2024年8月第8次印刷
定　　价：59.80元

产品编号：089021-02

前言

党的二十大报告首次将"推进教育数字化"写入报告,明确了教育数字化未来发展的行动纲领,这是党中央作出的重大战略部署。教材数字化和教育教学资源数字化是教材建设工作的重要组成部分,是纵深推进教育数字化战略行动、开辟发展新领域新赛道、塑造发展新动能新优势的重要内容。教育教学资源数字化的设计与应用可以为学校教学提供新的教学模式。在这一环节引入多媒体教学模式,可以明显增强数字化资源的交互性,使学生能够更深入地掌握知识内涵,提高学习效率。

为了让读者能独立高效地制作课件,特编写这本多媒体课件标准教程,其目的在于帮助读者解决课件制作中的实际问题,从而有效地提高制作效率。本书将教学设计与课件制作相结合,从易教、易学的角度出发,全面、细致地介绍课件制作的方法和技巧,同时也为读者提供一些制作思路,让读者在掌握一定的基础操作外,还能够提高审美能力。

本书特色

- **理论+实操,实用性强**。本书为每个疑难知识点配备相关的实操案例,可操作性强,使读者能够学以致用。
- **结构合理,全程图解**。本书采用全程图解的方式,让读者能够直观地了解每一步具体的操作,学习轻松,易上手。
- **疑难解答,学习无忧**。本书每章安排了"新手答疑"板块,其内容主要针对实际工作中一些常见的疑难问题进行解答,让读者能够及时处理在学习或工作中遇到的问题,同时,也还可举一反三地解决其他类似的问题。

内容概述

全书共分10章,各章内容安排如下。

章	内容导读	难点指数
第1章	主要介绍多媒体课件的概念、多媒体课件的制作标准与流程、课件制作的常用工具等	★★☆
第2章	主要介绍多媒体课件的入门操作,包括PowerPoint软件操作界面的介绍、PowerPoint软件的基本操作、幻灯片的基本操作等	★☆☆
第3章	主要介绍课件版式的应用,包括课件版式的制作、课件背景的设置、课件的页面配色等	★★☆

（续表）

章	内　容　导　读	难点指数
第4章	主要介绍课件中文字的应用，包括字体的选择、文字段落的设置操作方法、特殊文字的输入方法等	★★☆
第5章	主要介绍课件中图形、图片、表格的应用，包括图形的插入与编辑、图片的插入与修饰、SmartArt功能的应用、表格的添加与编辑等	★★★
第6章	主要介绍课件中声音和视频的应用，包括声音的添加与剪辑、视频的插入与剪辑等	★★☆
第7章	主要介绍课件中动画技术的应用，包括基本动画的添加、组合动画的添加、动画参数的设置及页面切换动画的设置操作方法等	★★★
第8章	主要介绍课件中链接技术的应用，包括链接到指定内容、链接到相关文件、动作按钮的添加操作方法等	★★☆
第9章	主要介绍课件的放映与输出操作，包括放映模式的设置、为重点内容添加注释、PPT的输出方式等	★★☆
第10章	用实操案例来总结归纳全书重要的知识点	★★★

附赠资源

● **案例素材及源文件**。附赠书中用到的案例素材及源文件，读者可扫描图书封底二维码下载。

● **扫码观看教学视频**。本书涉及的疑难操作均配有高清视频讲解，共26段、50分钟，读者可以边看边学。

● **其他附赠学习资源**。附赠常用办公模板2000个，Office专题视频100集，Office小技巧动画演示380个，读者可进QQ群（群号在本书资源下载资料包中）下载。

● **作者在线答疑**。作者具有丰富的实战经验，读者在学习过程中如有任何疑问，可加QQ群（群号在本书资源下载资料包中）与作者联系交流。

本书由钱慎一、王曼编著。在此对郑州轻工业大学教务处的大力支持表示感谢。在本书的编写过程中力求严谨细致，但由于时间与精力有限，书中疏漏之处在所难免，望广大读者批评指正。

编　者

目 录

全面了解多媒体课件

1.1 什么是多媒体课件 ... 2
- 1.1.1 多媒体课件的概念 ... 2
- 1.1.2 多媒体课件的作用 ... 3
- 1.1.3 了解课件脚本的重要性 ... 3

1.2 了解多媒体课件的制作 ... 4
- 1.2.1 课件的制作标准 ... 4
- 1.2.2 课件的制作流程 ... 5
- 1.2.3 课件的素材收集 ... 7

1.3 课件制作常用软件 ... 10

新手答疑 ... 12

PowerPoint课件制作入门

2.1 PowerPoint初相见 ... 14
- 2.1.1 启动PowerPoint ... 14
- 2.1.2 PowerPoint操作界面 ... 15

2.2 PowerPoint的基本操作 ... 18
- 2.2.1 新建课件 ... 18
- 2.2.2 浏览课件的几种模式 ... 20
- 2.2.3 为课件加密处理 ... 22
- 动手练 将语文课件设为只读模式 ... 23

2.3 幻灯片的基本操作 ... 24
- 2.3.1 新建幻灯片 ... 24
- 2.3.2 选择幻灯片 ... 25
- 2.3.3 移动与复制幻灯片 ... 26
- 2.3.4 隐藏与删除幻灯片 ... 26
- 2.3.5 设置幻灯片页面大小 ... 27
- 动手练 将课件模板调整为A4大小 ... 27

案例实战：调整英语课件的播放顺序 ... 29

新手答疑 ... 31

版式在课件中的应用

- 3.1 制作课件版式 ········· 34
  - 3.1.1 几种常用的页面版式 ········· 34
  - 3.1.2 套用系统预设的版式 ········· 35
  - 3.1.3 利用母版修改版式 ········· 36
  - 动手练 利用母版为语文课件添加水印 ········· 39
- 3.2 课件背景的设置 ········· 40
  - 3.2.1 四种背景类型 ········· 40
  - 3.2.2 背景设置方法 ········· 41
  - 动手练 为影视教学课件设置渐变背景 ········· 43
- 3.3 课件的快速配色 ········· 44
  - 3.3.1 利用主题快速配色 ········· 44
  - 3.3.2 利用配色工具快速配色 ········· 45
  - 3.3.3 快速取色的两种方法 ········· 47
- 案例实战：调整化学课件封面版式 ········· 49
- 新手答疑 ········· 52

文字在课件中的应用

- 4.1 输入课件封面标题 ········· 54
  - 4.1.1 标题字体的选择 ········· 54
  - 4.1.2 输入标题内容 ········· 55
  - 4.1.3 字体的嵌入 ········· 58
  - 动手练 保存数学课件标题字体 ········· 59
- 4.2 输入课件内容 ········· 60
  - 4.2.1 文本格式的基本设置 ········· 60
  - 4.2.2 段落行距的调整操作 ········· 61
  - 4.2.3 为内容添加项目符号及编号 ········· 62
  - 动手练 批量更改语文课件字体 ········· 63
- 4.3 输入课件特殊文本 ········· 64
  - 4.3.1 输入特殊符号及公式 ········· 64
  - 4.3.2 利用文本框控件输入内容 ········· 66
  - 动手练 输入数学课件中的方程式 ········· 69
- 案例实战：制作化学课件内容页 ········· 70
- 新手答疑 ········· 77

图形/图片/表格在课件中的应用

- 5.1 在课件中添加图形 ···································· 80
  - 5.1.1 插入图形 ···································· 80
  - 5.1.2 对图形进行编辑与美化 ···················· 80
  - 5.1.3 插入流程图 ···································· 85
  - 5.1.4 美化流程图 ···································· 87
- 5.2 在课件中添加图片 ···································· 88
  - 5.2.1 图片的选取原则 ···························· 88
  - 5.2.2 插入图片的方法 ···························· 89
  - 5.2.3 图片处理的技巧 ···························· 90
  - **动手练** 快速更换语文课件中的图片 ········ 93
- 5.3 在课件中添加表格 ···································· 95
  - 5.3.1 插入表格的方法 ···························· 95
  - 5.3.2 表格的编辑与美化 ························ 96
  - **动手练** 制作语文课件目录页内容 ············ 99
- **案例实战：美化语文课件** ························ 101
- **新手答疑** ·· 109

声音和视频在课件中的应用

- 6.1 在课件中添加声音 ·································· 112
  - 6.1.1 插入声音文件 ······························ 112
  - 6.1.2 对声音进行剪辑 ···························· 113
  - 6.1.3 设置声音播放模式 ························ 113
  - **动手练** 在指定页面中播放声音 ·············· 114
- 6.2 在课件中添加教学视频 ···························· 115
  - 6.2.1 插入教学视频 ······························ 115
  - 6.2.2 编辑教学视频 ······························ 116
  - 6.2.3 设置视频播放模式 ························ 118
  - **动手练** 为WPS教学视频添加封面 ·········· 119
- **案例实战：完善PPT教学课件内容** ·········· 120
- **新手答疑** ·· 122

第7章 动画技术在课件中的应用

- 7.1 在课件中运用基础动画 ··················· 124
  - 7.1.1 添加进入/退出动画效果 ············ 124
  - 7.1.2 添加强调动画效果 ··················· 126
  - 7.1.3 添加路径动画效果 ··················· 127
  - 动手练 为课件添加简单动画效果 ········ 129
- 7.2 在课件中运用高级动画 ··················· 130
  - 7.2.1 添加组合动画效果 ··················· 130
  - 7.2.2 调整动画计时参数 ··················· 131
  - 7.2.3 添加触发动画效果 ··················· 133
  - 动手练 设置动画延迟时间 ················ 135
- 7.3 在课件中运用切换动画 ··················· 136
  - 7.3.1 添加切换动画效果 ··················· 136
  - 7.3.2 设置切换动画的参数 ················ 137
- 案例实战：为英语课件添加动画效果 ······ 138
- 新手答疑 ·· 144

第8章 链接技术在课件中的应用

- 8.1 链接到指定课件内容 ······················ 147
  - 8.1.1 添加超链接 ···························· 147
  - 8.1.2 对链接项进行编辑 ··················· 148
  - 动手练 为语文课件的导航页添加链接 ··· 149
- 8.2 将课件链接到相关文件 ··················· 150
  - 8.2.1 链接到指定文件 ······················ 150
  - 8.2.2 链接到网页 ···························· 151
  - 动手练 为PPT课件添加网页链接 ········ 151
- 8.3 制作课件动作按钮 ························· 152
  - 8.3.1 添加预设动作按钮 ··················· 152
  - 8.3.2 自定义动作按钮 ······················ 153
  - 动手练 为语文课件添加动作按钮 ········ 153
- 案例实战：实现数学课件交互导航功能 ··· 155
- 新手答疑 ·· 159

课件的放映和输出

- 9.1 放映课件 ·············· 161
  - 9.1.1 认识课件放映的模式 ·············· 161
  - 9.1.2 开始放映课件 ·············· 162
  - 9.1.3 放映课件指定的内容 ·············· 163
  - 9.1.4 自动放映课件 ·············· 165
  - 动手练 自定义放映语文课件 ·············· 165
- 9.2 对课件进行讲解 ·············· 166
  - 9.2.1 对重点内容进行标记 ·············· 166
  - 9.2.2 录制旁白 ·············· 168
- 9.3 输出课件 ·············· 169
  - 9.3.1 将课件进行打包 ·············· 169
  - 9.3.2 将课件输出为视频 ·············· 170
  - 9.3.3 将课件输出为讲义 ·············· 171
  - 动手练 将数学课件保存为放映模式 ·············· 172
- 案例实战：放映并输出数学课件 ·············· 173
- 新手答疑 ·············· 177

制作数学考前辅导课件

- 10.1 制作课件内容 ·············· 179
  - 10.1.1 制定课件教学计划 ·············· 179
  - 10.1.2 制作课件版式 ·············· 180
  - 10.1.3 制作课件内容 ·············· 181
- 10.2 为课件添加动画效果 ·············· 187
  - 10.2.1 设置封面页动画 ·············· 187
  - 10.2.2 设置内容页动画 ·············· 190
  - 10.2.3 为课件添加链接 ·············· 192
- 10.3 放映并输出课件 ·············· 194
  - 10.3.1 设置课件放映方案 ·············· 194
  - 10.3.2 将课件输出为放映格式 ·············· 195
- 新手答疑 ·············· 197

附录

附录A　课件制作辅助小工具 …………………………… 199
附录B　PPT知识点分布思维导图 ……………………… 210
附录C　实用高效的PPT组合键 ………………………… 212

第 1 章
全面了解多媒体课件

　　制作课件是一线教师每天必做的工作之一，课前准备、课堂使用、课后分享，每一个环节都要与课件打交道。课件制作得好，教师讲解起来得心应手，学生学习效率事半功倍，充分利用多媒体课件教学会获得不一样的体验。那么如何做好一份课件呢？本章将开启多媒体课件的学习旅程！

1.1 什么是多媒体课件

随着时代的变迁，多媒体课件已逐渐占领教育培训行业。无论是幼儿园、小学、中学、大学的教师，还是教育机构的培训教师，都会借助多媒体课件来辅助教学，接下来对多媒体课件进行简单介绍。

1.1.1 多媒体课件的概念

多媒体课件（简称课件）是集文字、图形图像、音视频、动画等多种媒体元素为一体的教学软件，能够很好地表现出以往传统教学无法呈现的效果，同时课件特有的交互特性也使得教师和学生之间的交流变得更加方便。

可以说凡具备一定教学功能的并包含具体的学科内容的教学软件都可称为课件。通过课件，教师可以将一些难以言表的教学内容，通过情景再现、实验演示等技术手段，生动形象地展现给学生，以便学生更好地理解教学内容。

目前，课件的种类有很多。按照课件的作用可分为助教型、助学型、实验型、训练与练习型、积件型五类。

1. 助教型

该课件辅助教师课堂演示教学，主要为解决课堂上某一教学重点、难点而设计。注重对学生的启发、提示，帮助学生理解和记忆，激发学生的学习积极性和主动性。

2. 助学型

该课件主要体现的是交互式教学，学生可以利用计算机、平板电脑等终端设备进行自主学习。与助教型课件的结构不同的是，助学型课件的知识结构比较完整，反映一定的教学过程和策略，学生可通过选择链接来自主学习知识。

3. 实验型

该课件主要用于学生模拟实验，其提供了可更改参数的选项，当输入不同的参数时，系统会真实地模拟实验对象的状态和特征。

4. 训练与练习型

该课件主要通过试题的方式帮助学生进行强化训练，巩固某方面的知识和技能。在制作时要保证一定比例的知识点覆盖率，以便全面考核学生的能力水平。

5. 积件型

该课件其实就是一套电子资料库，主要提供给教师或学生对某类学科的资料进行查阅，例如电子书、电子词典等。用户可根据自己的教学需求，对其资料进行编辑调整，从而形成更适用的新课件。

1.1.2 多媒体课件的作用

多媒体课件在教学中的重要地位日益显现，在现代教育中，是值得推广和普及的一种教学手段。利用课件能够让学生更加直观、高效地获得知识和技能。

1. 利于情境创设，激发学生兴趣

多媒体教学课件具有视听效果，能够形象地创建教学情境，调动学生的视觉、听觉神经，给学生以新奇感，从而激发学生的学习兴趣，提高课堂的教学效率。

2. 利于化抽象为直观，培养学生思考能力

多媒体课件动态演示功能可将复杂抽象的问题形象化、直观化。帮助学生快速消化知识点，提升学生独立思考的能力。

3. 因材施教，提高课堂时效性

利用多媒体课件教学形式改变了以往枯燥乏味的传统教学。能够根据需求按不同的顺序展示文字内容，字体多样，色彩丰富，效果奇特，给人带来视觉和听觉上的新鲜感。运用多媒体辅助手段使教学方案设计得更加严密完善，可以有针对性地去教学，让学生在轻松的氛围中学到知识。

1.1.3 了解课件脚本的重要性

想要做好教学课件，除了会使用工具外，脚本的准备也很重要。脚本相当于影视剧本，无论是电视剧还是电影，其情节都要围绕着剧本内容展开，课件也不例外。

脚本内容包含教学内容的选择、课件的布局、视听形象的表现、解说词的编写、配乐信息等。对脚本进行周密、细致地安排后，再利用相应的工具来制作课件才是最恰当的方法。

设计脚本时，用户要掌握以下三个要点。

1. 教学目的明确，选题合理

脚本的设计思想要与教学目标一致，与教学的整体设计一致，这样才能达到辅助教学的目的。所以教师在制作脚本前，需要深入理解教学大纲的要求，合理选题。教师应尽量将那些既能发挥出计算机功能，又能有效完成教学要求的疑难重点内容作为脚本的题材。

2. 结合教学内容，选择课件种类

课件的种类在前面已提及过。各种课件都有不同的特点和优势，当然也有各自的缺点和不足，在选择种类时，需要根据教学内容来确定。

3. 设计课件流程

课件的流程设计是脚本制作的重要环节。无论制作什么样的课件脚本，都需要对课件的具体内容和操作方法进行研究，包括页面元素、布局、页面切换方式、交互方式、色彩搭配、文字呈现、解说词和音响效果的合成、动画技术的应用等。

1.2 了解多媒体课件的制作

制作多媒体课件对于刚入职的新人可能会有一定难度，但只要按照制作的标准及流程来做，是可以快速上手的。

1.2.1 课件的制作标准

多媒体课件制作标准可分为以下几点。

1. 符合教学大纲

课件内容要与教学目标一致。要科学、准确、逻辑严密，切勿制作"教材搬家"式内容。

2. 符合学生的认知规律

课件内容应按照教学思路，从易到难逐步展示出来，未讲到的内容不应提前出现，否则会打断学生的学习思路，降低教学效率。

3. 采用合适的媒体呈现形式

根据教学内容合理使用动画、音视频等元素，做到图文并茂，满足教学需求。

4. 课件风格统一

一份课件其页面风格应统一，标题、正文内容也必须统一字号、字体和颜色。切勿一张幻灯片使用一种颜色，使得整体效果凌乱不堪。在用色时尽量使用浅色背景深色文字，以便提高可读性，如图1-1所示。

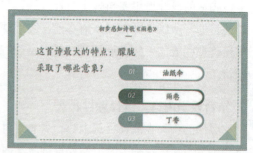

图 1-1

> **注意事项** 一张页面最多使用三种颜色，颜色种类太多会让人眼花缭乱。

5. 课件结构清晰，命名规范

课件首页应有课堂标题，课堂内容结束后应有简要的总结或练习，以便引导学生巩固课堂知识重点，如图1-2所示。每一份课件需单独保存，文件名称需反映出课件的标题，以便以后查找。

图 1-2

1.2.2 课件的制作流程

制作多媒体课件的流程为，选题→准备脚本→收集素材→选用制作软件→合成制作→放映预演六个步骤。

1. 选题

虽然多媒体课件是现代教育的一种新手段，但不是每一节课都需要使用课件。用户决定使用课件时，需要选好课题，课题选得好，可以提高教学质量，否则只会起反作用。

例如化学、生物、物理教材中，有的实验或知识点存在很多微观结构，很难用语言表达出来。像这样的课题完全可以利用多媒体课件来展示，让抽象的内容具体化、形象化，帮助学生理解和消化，如图1-3所示。

图 1-3

2. 准备脚本

脚本包括文字脚本和制作脚本。其中文字脚本包括教案和文字稿本，例如明确教学目标、教学重点、教学进程及教学结构等，如图1-4所示。制作脚本则是将教学过程具体化，例如在某个界面添加音频、视频元素，或添加动画元素等，如图1-5所示。

《赋得古原草送别》制作脚本

专业：计算机科学与技术　　　　班级：10级专升本

学号：　　　　　　　　　　　　姓名：

1.教学目标和内容：

该课件的适用对象是爱好学习古诗的小学生，他们可以借助此教学课件对《赋得古原草送别》这首诗进行深入地了解与掌握。旨在让学生能够朗诵古诗，熟读成诵。另外通过看图读诗，使学生体会到作者对友人的依依惜别之情，与此同时令他们也知道了关于作者的一些情况，以达到学习一首古诗起到举一反三的效果。

2. 教学方法：

演示法、讲解法

图 1-4

页面序号：5-2	页面内容 简要说明	古诗原文界面
屏幕 显示	背景 诗题目，作者名 诗内容 回首页图片 返回按钮	
说明	1、进入页面显示背景和古诗题目，同时出现回首页图片，单击回首页图片，返回讲课界面。接着显示作者名字，诗内容伴随着朗诵的声音一句一句地显示出来。 2、诗歌内容完全显示后，显示返回按钮，点击该按钮回到上一页面。	

图 1-5

3. 收集素材

脚本准备完成后，就可以根据脚本内容收集素材文件，例如相应的图片图形、音频、视频，或者自己动手制作简单的流程图等。用户在空余时间可以多下载这方面的素材，同时要注意素材的版权问题。

4. 选用制作软件

目前比较常用的制作软件是PowerPoint软件，或金山WPS软件。这两款软件都属于易学易用的软件，操作方法简单，新人容易上手。二者都是以一张张的幻灯片为单位，组合起来构成一份完整的课件，可以在短时间内制作出各种类型的课件，具有很强的时效性，如图1-6所示。

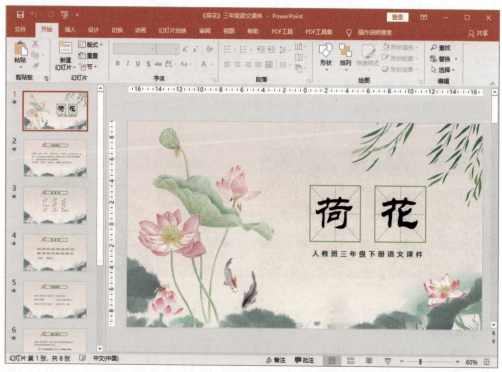

图 1-6

如果用户对于其他制作软件比较熟悉，也可以选用其他软件，例如几何画板、Authorware、Flash等。

5. 合成制作

脚本设计完成，素材收集齐全，软件选好，就可以进入课件制作环节。用户只需要按照教学目标、教学结构及脚本思路，将课件按模块进行制作并添加相关的交互链接操作，整合成一份多媒体课件即可。

6. 放映预演

课件整合完成后，需要将课件进行放映预演。预演时，用户需要把控课件放映的时间及讲课的节奏，同时也要检查一遍课件是否有误，这样才能万无一失。有些教师在组合好课件后，没有最后的预演环节，从而导致课堂中出现各种问题，既耽误时间，又降低课堂教学效率，所以这一步很重要。

▍1.2.3　课件的素材收集

课件素材主要包含文字、图片、音频、视频等。其中文字是课件最基本的元素，通过文字可以了解课件的内容；图片能够直观地展现出一些难以用文字描述清楚的内容；音频能够活跃课堂气氛，合理地应用音频，可以增强课件的感染力；视频能够增加课件的趣味性，吸引学生的注意力，提高课堂的时效性，下面介绍这些元素的获取方法。

1. 文字素材

一般情况下课件中的文字使用系统默认的字体就可以。如果想做出不一样的文字效果，用户可以在网上的一些字库网中下载需要的字体，然后安装即可，图1-7所示是字体传奇网界面。这里需要说明一点，专业的字体网都是有版权的。

图 1-7

2. 图片素材

对于收集图片素材，用户可使用手机、扫描仪等电子工具将课本中的图片转换为电子版，保存在计算机里，使用时直接插入即可。除此之外，网络中也有许多专业的图库供用户下载，图1-8所示是摄图网部分内容。在该网站中，用户可通过输入关键字来获取图片素材，该网站为付费网站。

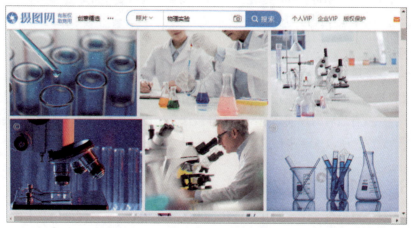

图 1-8

3. 音频素材

音频的获取方法分为两种，一种是通过网络下载相关配乐或音效，另一种则是录制声音。

在网络上下载配乐，尽量选择一些专业的音乐网或音乐盒来下载，因为这些网站所分享的音乐文件质量都比较高，使用起来能够为课件添彩。需要注意的是，这些音乐网站大多是付费网站。

如果想利用录音软件自己录制，可以利用手机的录音设备，或者计算机自带的录音功能进行录制。下面以Windows 10系统为例来介绍音频录制的方法。

Step 01 将麦克风设备接入计算机中，单击任务栏中的"开始"按钮，在弹出的列表中选择"录音机"选项，如图1-9所示。

图 1-9

Step 02 在打开的"录音机"界面中，单击"录制"按钮开始录制。录制结束后，单击"停止录制"按钮，即可完成录音操作，如图1-10所示。

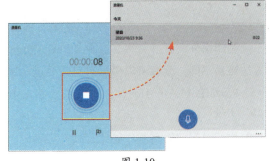

图 1-10

Step 03 双击录制的音频文件，进入试听界面，单击界面下方的"…"按钮，可对该音频执行分享、编辑、删除和重命名操作，如图1-11所示。

Step 04 单击界面右侧的"…"按钮，在弹出的列表中选择"打开文件位置"选项，即可打开该音频所在的文件夹。选择该音频文件，按Ctrl+X组合键将其剪切至新位置，完成音频的保存操作，如图1-12所示。

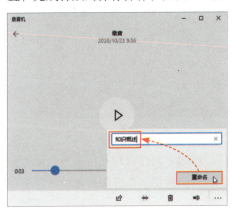

图 1-11　　　　　　　　　　图 1-12

注意事项　如果使用手机录音，录制后需要将其音频格式转换成课件能支持的格式才可以，否则无法正常播放音频文件。

4. 视频素材

视频素材的获取方法也分网上获取和自行录制两种。一些视频网站上会提供大量的视频素材，用户可以根据需要下载使用。如果没有收集到合适的视频素材，就建议用户自行录制，以保证教学效果。

视频录制的方法有很多，用户可以利用手机录制，也可以利用专业的摄像机录制。除此之外，还可以通过一些录屏软件录制，例如会声会影、嗨格式录屏大师、Camtasia Studio等，如图1-13所示的是Camtasia Studio录制工具栏。

图 1-13

P 1.3 课件制作常用软件

制作课件的软件有很多，例如PowerPoint、几何画板、Animate等，这些软件的使用方法难易不同，读者可以根据自身需要进行选择。

PowerPoint是Office软件的一款组件，用户体验很不错。该软件集文字、图片、图形、表格、动画、音视频、交互功能为一体，同时也支持外部文件的导入操作，节省用户制作的时间，提高制作效率，软件启动界面如图1-14所示。

图 1-14

几何画板是一款非常好用的数学课件制作软件，可用来制作各种几何图形，还能制作动态课件演示。软件帮助用户实现其教学思想，只需熟悉简单的操作即可设计和编写课件内容，该软件的启动界面如图1-15所示。

图 1-15

Animate原名Flash，是一款非常优秀的矢量动画制作软件，以流式控制技术和矢量技术为核心，制作的动画具有短小精悍的特点，用其制作的课件集图像、文字、声音、视频于一体，实现传统书面教材的立体化，同时也推动教学手段、教学方法的多样化，该软件的启动界面如图1-16所示。

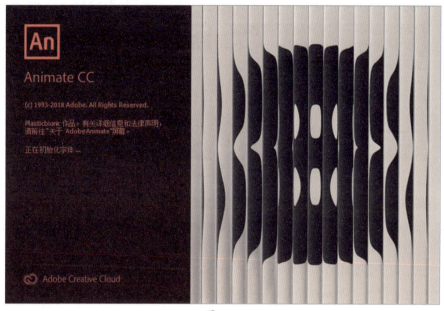

图 1-16

在制作课件时，通常还需要其他工具进行辅助操作，例如使用截图软件获取图片、使用录制视频软件取得视频资料、使用音频编辑软件对声音进行处理等。这些小工具的合理使用在很大程度上提高了多媒体课件的制作效率。

新手答疑

1. Q：想要摘取某资料上的文字放至课件中，一个个地输入太慢，是否有快捷方法？

　　A：有的。可以使用手机拍下需要录入的文字内容并传输到计算机中，使用QQ截图中的"屏幕识别"功能即可快速提取图片中的文字，如图1-17所示。

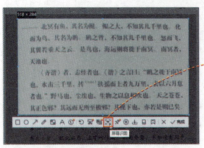 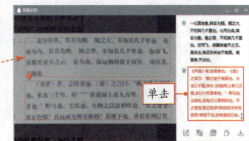

图 1-17

2. Q：制作课件的软件很多，为什么很多教师都使用 PowerPoint 软件来操作呢？

　　A：PowerPoint软件是Office办公软件中的一个组件。只要计算机中安装了Office软件就能够启用PowerPoint软件，所以无须独立安装。PowerPoint软件入门门槛较低，对于新手用户十分友好，会使用Word，PowerPoint软件的操作方法就学会了一半。此外，PowerPoint软件内置很多模板，用户稍加修改就可做出具有特色的课件。

3. Q：为什么在 PowerPoint 软件中，插入的视频素材无法观看？

　　A：出现这种情况，很有可能是录制的视频格式与PowerPoint所支持的视频格式不符。用户将制作完成的视频通过"格式工厂"软件转换格式即可。PowerPoint软件支持的视频格式有mp4、avi、wmv、mpeg等。

4. Q：如何获取视频素材？

　　A：视频素材获取途径分为网上下载和自行录制两种。如果能够在网上下载到相关视频素材，那是最方便的。如果网上没有合适的素材，用户可以使用手机或各类录制软件自行录制视频。

第2章
PowerPoint课件制作入门

　　PowerPoint是一款便捷、高效的演示文稿制作软件,利用此软件可在短时间内制作出一套完整的课件教程。操作简单易上手,因此是制作多媒体课件的首选软件。本章将向读者简单介绍PowerPoint软件,包括软件的应用领域、软件的操作界面及软件的基本操作等。

2.1 PowerPoint初相见

PowerPoint软件通常用于展示和制作各类演示文稿，例如学校、培训机构用的教学课件就是其中一类。正因为其简单易学，功能强大，所以受到很多一线教师的欢迎。

2.1.1 启动PowerPoint

安装PowerPoint软件后，在桌面会显示快捷图标，双击该图标即可启动。此外，单击桌面状态栏中的"开始"按钮，在弹出的列表中，选择PowerPoint应用程序也可启动，如图2-1所示。

图 2-1

在操作过程中，用户需要随时进行保存，避免计算机断电、丢失文件的情况发生。首次保存时，按Ctrl+S组合键，在"另存为"对话框中，设置保存的位置及文件名，单击"保存"按钮即可，如图2-2所示。保存后再次按Ctrl+S组合键，或单击"保存"按钮，如图2-3所示，可直接覆盖之前保存的内容。

图 2-2

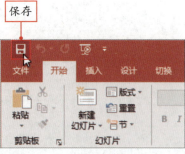

图 2-3

如果要将保存过的文件以新名称重新进行保存，就需要进行"另存为"操作。在"文件"选项卡中选择"另存为"选项，在打开的同名对话框中对"文件名"进行重命名，单击"保存"按钮即可，如图2-4所示。

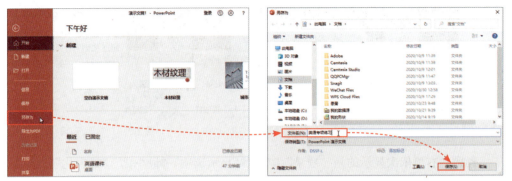

图 2-4

2.1.2 PowerPoint操作界面

PowerPoint软件的操作界面如图2-5所示。

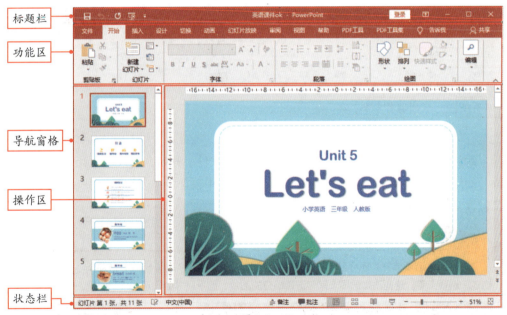

图 2-5

1. 标题栏

标题栏用于显示当前文档的标题及软件名称，标题栏左侧是快速访问工具栏，在此栏中用户可根据使用习惯，将一些常用的命令放置于此。

单击该工具栏右侧的下三角按钮，在弹出的列表中勾选所需命令即可，例如，勾选"新建"选项，如图2-6所示。此时"新建"命令图标会显示在该工具栏中，如图2-7所示。

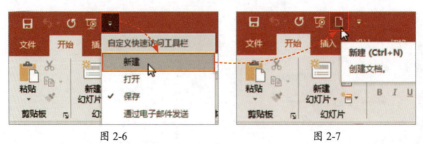

图2-6　　　　　　　　　　　图2-7

标题栏右侧依次显示的是"登录""功能区显示选项""最小化""最大化"及"关闭"控制按钮。

2. 功能区

功能区集合了软件所有的操作命令。功能区是由选项卡、选项组及操作命令三个区域组成，如图2-8所示。

图2-8

默认情况下功能区包含10个选项卡，分别为文件、开始、插入、设计、切换、动画、幻灯片放映、审阅、视图和帮助。每个选项卡中包含多个选项组，每一个选项组中又包含多个操作命令。

> **知识点拨**
>
> 除了默认选项卡外，还会显示一些动态选项卡，例如"图片工具-格式"选项卡、"绘图工具-格式"选项卡等。这些动态选项卡只有选择相应的图片、图形时才会显示出来，如图2-9所示。
>
>
>
> 图2-9

当安装了一些小插件后，在功能区中也会显示出相应的选项卡。如果想要隐藏这些选项卡，可选择"文件"选项卡，在打开的文件列表中选择"选项"选项，打开"PowerPoint选项"对话框，选择"自定义功能区"选项，在右侧"自定义功能区"列表中取消勾选相关选项卡的即可，如图2-10所示。

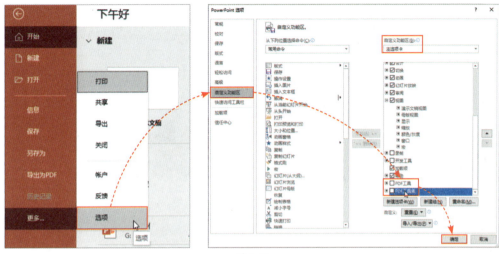

图 2-10

3. 导航窗格

导航窗格是以预览图的形式显示PPT中的所有幻灯片。在此窗格中，可对幻灯片执行新建、复制、移动、删除等操作。

将光标移至该窗格的分隔线上，当光标呈双向箭头时，按住左键不放并拖曳光标至合适位置，松开鼠标即可，图2-11所示是扩大窗格，图2-12所示是缩小窗格。

图 2-11

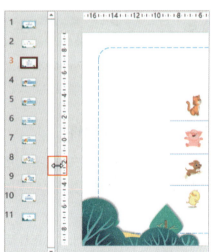

图 2-12

4. 操作区

操作区为课件制作的主要工作区。这里可以执行输入文字、插入图片、插入声音、制作动画等操作。

单击该区域的任意位置，按住Ctrl键并结合鼠标滚轮可进行自由缩放操作。向上滚动为放大显示，如图2-13所示，相反，向下滚动为缩小显示，如图2-14所示。

图 2-13

图 2-14

> **知识点拨**
>
> 无论是放大还是缩小显示，想要快速调整到页面的合适大小，只需在状态栏中单击"按当前窗口调整幻灯片大小"按钮即可。

5. 状态栏

状态栏主要显示当前文件的状态，例如幻灯片数量、拼写检查、当前视图模式及页面缩放比例等。

2.2 PowerPoint的基本操作

前面介绍了PowerPoint软件的工作界面，接下来介绍PowerPoint的基本操作，包括课件的创建方法、查看课件的方式、如何为课件加密等。

2.2.1 新建课件

课件的新建方法有三种，分别是新建空白课件、新建主题课件和新建模板课件，下面分别对其方法进行介绍。

扫码看视频

1. 新建空白课件

启动PowerPoint软件后，在打开的界面中单击"空白演示文稿"按钮，即可新建一份以"演示文稿1"命名的空白演示文稿，如图2-15所示。

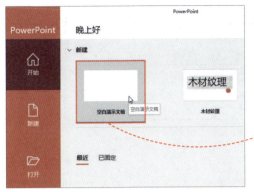
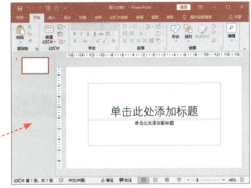

图 2-15

2. 新建主题课件

启动软件后，在"新建"界面中单击"主题"关键词，打开"主题"界面，在此选择所需主题，如图2-16所示，单击此主题进入下载界面，单击"创建"按钮，系统会自动打开该主题文稿，如图2-17所示。

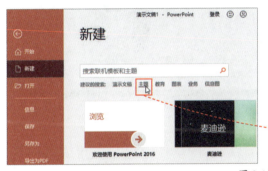
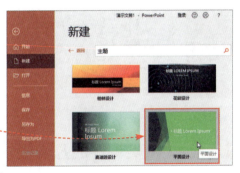

图 2-16

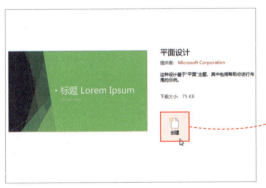
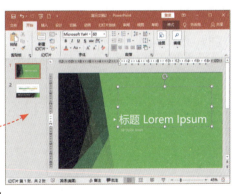

图 2-17

主题文稿由主题颜色、主题字体、主题效果及背景样式四者组成，主题可以作为一套独立的方案保存在文稿中。用户对内置的主题方案不满意，可以通过"变体"功能对其主题进行更改，如图2-18所示。具体设置方法会在第3章进行详细介绍。

图 2-18

3. 新建模板课件

新建模板与新建主题相似,同样在"新建"界面中的搜索栏中输入关键词。例如选择"图表"字样,在打开的界面中选择所需模板,进入下载界面,单击"创建"按钮即可,如图2-19所示。

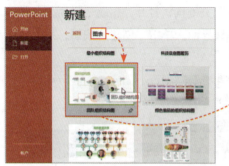

图 2-19

2.2.2 浏览课件的几种模式

PowerPoint软件为用户提供了四种视图模式,分别为普通视图、幻灯片浏览视图、阅读视图和幻灯片放映视图。其中普通视图为默认视图模式,如图2-20所示,该视图是由导航窗格、编辑区和备注区组成。备注区主要用来查看或编辑每张幻灯片的备注信息,在放映幻灯片时,备注不会显示出来。

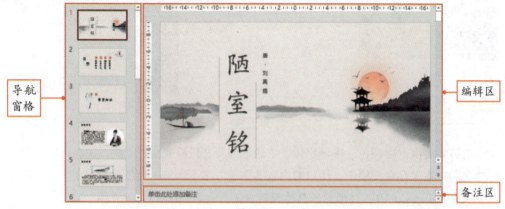

图 2-20

在幻灯片浏览视图模式下，用户可以一次性浏览当前文档中的所有幻灯片，可对其执行添加、删除等操作，如图2-21所示。

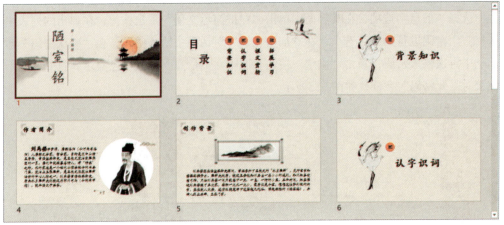

图 2-21

阅读视图与幻灯片放映模式相似，两者都以放映的形式来浏览幻灯片，区别在于放映窗口不同。阅读视图是以窗口模式放映，如图2-22所示，而幻灯片放映模式则以全屏模式放映，如图2-23所示。两种模式浏览结束后，按Esc键都可切换至普通视图模式。

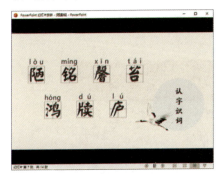

图 2-22

图 2-23

以上四种视图模式都在状态栏中，单击相应的视图按钮进行切换操作，如图2-24所示。

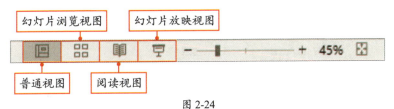

图 2-24

2.2.3 为课件加密处理

如果不想泄露课件内容，可对该课件进行加密操作。选择"文件"选项卡，在其列表中选择"信息"选项，在其界面中单击"保护演示文稿"下拉按钮，在弹出的列表中选择"用密码进行加密"选项，在"加密文档"对话框中输入密码，在"确认密码"对话框中再次输入密码，单击"确定"按钮，此时在"信息"界面中已显示"打开此演示文稿时需要密码"字样，如图2-25所示。

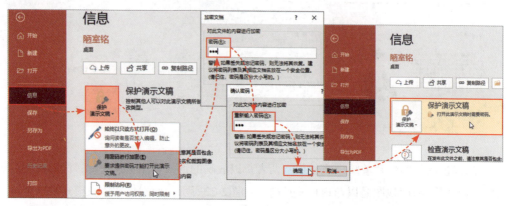

图 2-25

密码设置完成后需要对设置后的课件进行保存。再次打开该课件时，会要求输入密码方可打开，如图2-26所示。

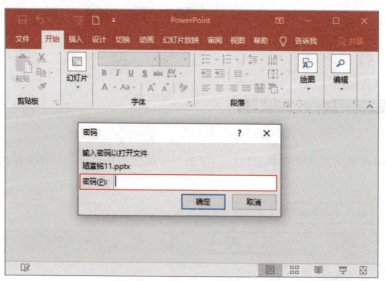

图 2-26

想要取消密码保护，使用密码打开课件后，按照以上的操作打开"加密文档"对话框，删除密码，单击"确定"按钮，再次保存即可。

动手练 将语文课件设为只读模式

下面介绍如何将课件设为只读模式，课件可以打开，但只限于浏览，不能对其编辑更改。

Step 01 打开本书配套的素材文件，在"文件"选项卡中选择"另存为"选项，在"另存为"对话框中对"文件名"重命名，单击"工具"下拉按钮，在弹出的列表中选择"常规选项"选项，如图2-27所示。

Step 02 在"常规选项"对话框的"修改权限密码"文本框中输入密码（123），单击"确定"按钮，如图2-28所示。

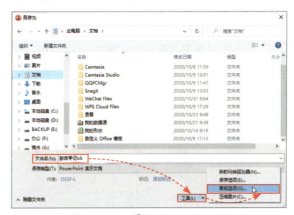

图 2-27

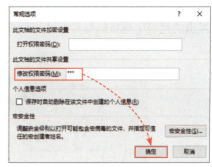

图 2-28

Step 03 返回到"另存为"对话框，单击"保存"按钮完成操作。当再次打开该课件时，系统同样会打开"密码"对话框，单击右下角的"只读"按钮，即可进入只读模式，如图2-29所示。

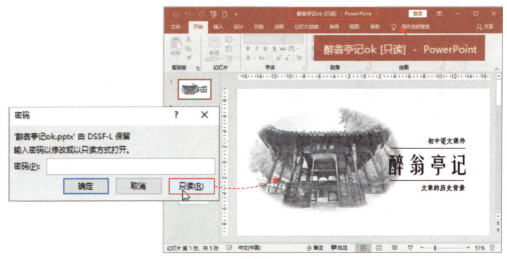

图 2-29

2.3 幻灯片的基本操作

制作课件时，大部分的操作是在幻灯片中进行的，例如新建幻灯片、选择幻灯片、复制幻灯片、删除幻灯片、设置幻灯片页面大小等，下面分别对这些基础操作进行简单介绍。

2.3.1 新建幻灯片

新建空白演示文稿后，系统只会显示一张幻灯片，很明显，一张幻灯片是不够用的，这时就要新建幻灯片。在导航窗格中，选择一张幻灯片，按Enter键即可在其下方新建一张幻灯片，如图2-30所示。

此外，在"开始"选项卡的"幻灯片"选项组中单击"新建幻灯片"下拉按钮，在弹出的列表中选择幻灯片版式，同样也可插入新幻灯片，如图2-31所示。

图 2-30

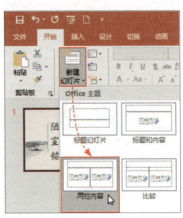

图 2-31

知识点拨

利用Enter键可快速创建相同版式的幻灯片，而利用"新建幻灯片"功能可创建不同版式的幻灯片。这里介绍的幻灯片版式则是系统预设的版式，共11种，如图2-32所示。

图 2-32

2.3.2 选择幻灯片

在导航窗格中,单击选择幻灯片,此时,被选中的幻灯片会显示在操作区,如图2-33所示。

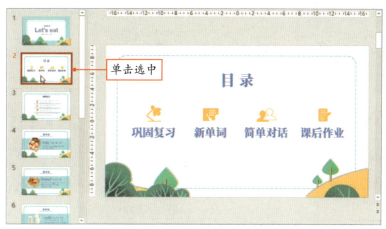

图 2-33

想要选择部分连续的幻灯片,先选择第1张幻灯片,然后按住Shift键,再选择最后一张幻灯片即可。此时两张幻灯片之间所有的幻灯片都会被选中,如图2-34所示。

想要选择部分不连续的幻灯片,按住Ctrl键,逐个选择所需幻灯片即可,如图2-35所示,按Ctrl+A组合键可全选所有幻灯片,如图2-36所示。

图 2-34

图 2-35

图 2-36

2.3.3　移动与复制幻灯片

想要对幻灯片的前后顺序进行调整,在导航窗格中选择所需幻灯片,按住左键不放并将其拖至新位置,松开鼠标即可,如图2-37所示。

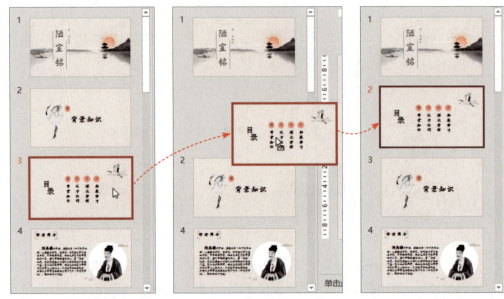

图 2-37

如果想要复制某张幻灯片,将其选中,按Ctrl+C组合键进行复制,在新位置处按Ctrl+V组合键粘贴即可。无论是移动还是复制幻灯片,调整完成后,其编号会重新排序。

2.3.4　隐藏与删除幻灯片

在导航窗格中,右击所需幻灯片,在弹出的快捷菜单中选择"隐藏幻灯片"选项,此时,该幻灯片序号会显示"\",说明该幻灯片已被隐藏,如图2-38所示。如想取消隐藏,只需右击幻灯片,在弹出的快捷菜单中再次选择"隐藏幻灯片"选项即可。

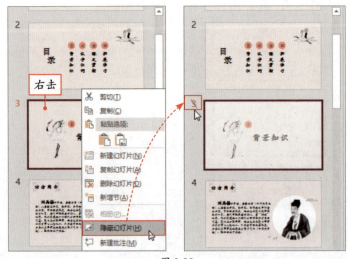

图 2-38

选择所需幻灯片，按Delete键可将其删除，如图2-39所示的是删除原第3张幻灯片后的效果。

图 2-39

2.3.5 设置幻灯片页面大小

幻灯片大小可根据需求进行调整。在"设计"选项卡的"自定义"选项组中单击"幻灯片大小"下拉按钮，在弹出的列表中选择预设的尺寸，或选择"自定义幻灯片大小"选项，在"幻灯片大小"对话框中，通过设定"宽度"和"高度"及"方向"来自定义页面尺寸，如图2-40所示。

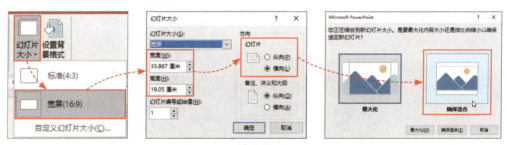

图 2-40

PowerPoint 2016和2019版的页面是默认16：9（宽屏）显示。

动手练 将课件模板调整为A4大小

下面以创建系统自带的课件模板为例介绍幻灯片大小的调整操作。

Step 01 启动软件，在"新建"界面中选择要下载的课件模板，进入下载界面，单击"创建"按钮，将其下载并打开，如图2-41所示。

图 2-41

Step 02 在"设计"选项卡的"自定义"选项组中单击"幻灯片大小"下拉按钮,在弹出的列表中选择"自定义幻灯片大小"选项,在"幻灯片大小"对话框中单击"幻灯片大小"下拉列表,在弹出的列表中选择"A4纸张"选项,如图2-42所示。

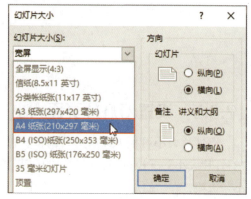

图 2-42

Step 03 选择完成后单击"确定"按钮,在打开的提示窗口中选择"确保合适"选项,修改后的效果如图2-43所示。

图 2-43

案例实战：调整英语课件的播放顺序

下面综合以上所学知识点来对英语课件的播放顺序进行调整。

Step 01 启动PowerPoint软件，打开配套的素材文件，在状态栏中单击"幻灯片浏览"按钮，切换到该视图模式，如图2-44所示。

图 2-44

Step 02 从该模式可以看出当前幻灯片的顺序是错乱的。在此，选择第5张幻灯片，使用鼠标拖曳的方法将其拖曳至幻灯片首位，如图2-45所示。

图 2-45

Step 03 按照课件顺序，调整第6张、第9张、第12张幻灯片的位置，如图2-46所示。

图 2-46

Step 04 选择第3张幻灯片后，按Delete键将其删除，如图2-47所示。

图 2-47

Step 05 删除其他多余空白幻灯片，按照目录页内容，确认幻灯片的顺序是否正确。单击状态栏中的"普通视图"按钮，返回到默认视图模式，如图2-48所示。至此完成课件顺序的调整操作。

图 2-48

知识点拨

在"幻灯片浏览视图"中，右击所需幻灯片，在弹出的快捷菜单中选择"隐藏幻灯片"选项，可隐藏该幻灯片。在列表中选择"设置背景格式"选项，在打开的设置窗格中，可对背景的填充方式进行设置，如图2-49所示。

图 2-49

 新手答疑

1. Q：对方使用的是低版本PPT，该保存哪种格式对方才能打开？

A： 一般来说2016版和2019版是通用的。如果对方版本低于2016，保存时将"保存类型"设置为"PowerPoint97-2003演示文稿"即可，如图2-50所示。

图 2-50

2. Q：在操作时，不小心将功能区隐藏了，该如何恢复？

A： 在标题栏中单击"功能区显示选项"按钮，在弹出的列表中选择"显示选项卡和命令"选项即可恢复，如图2-51所示。

图 2-51

3. Q：在 PowerPoint 中想要去除备注区扩大操作区域，该如何操作？

A： 默认情况下，备注区显示在操作区下方。如想将其隐藏，在状态栏中单击"备注"按钮即可，如图2-52所示。

图 2-52

4. Q：当在计算机中安装了百度网盘后，会在 PowerPoint 中生成"保存到百度网盘"图标，该如何去除？

A： 安装百度网盘后，PowerPoint软件会自动生成加载项，在PowerPoint启动时载入，从而生成图标，用户可以在"文件"选项卡中选择"选项"选项，在"PowerPoint选项"界面中选择"加载项"选项，然后将"管理"设置为"COM加载项"后，单击"转到"按钮，如图2-53所示。在"COM"加载项界面中取消勾

选"Baidu Netdisk PPT Addin"复选框,单击"确定"按钮,如图2-54所示。

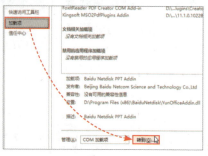 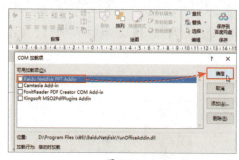

图 2-53　　　　　　　　　　　　图 2-54

5. Q:想在快速访问工具栏中添加"形状"功能,该如何操作?

　　A:在"插入"选项卡中右击"形状"按钮,在弹出的快捷菜单中选择"添加到快速访问工具栏"选项,即可将其添加至快速访问工具栏中,如图2-55所示。

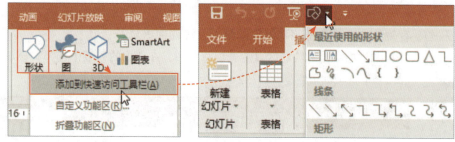

图 2-55

6. Q:PowerPoint 软件中的"帮助"功能该如何使用?

　　A:在"帮助"选项卡中单击"显示培训内容"按钮,在右侧的"帮助"窗格中选择需要学习的内容,即可查看文字说明及视频课程,如图2-56所示。

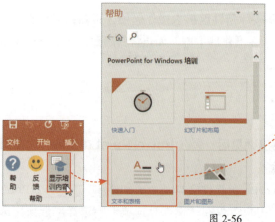 

图 2-56

第3章
版式在课件中的应用

　　PowerPoint系统有预设的幻灯片版式,在制作课件时,用户可以直接套用,当然也可以自定义页面版式。本章将介绍页面版式的应用操作,包括常见的页面版式、版式制作的方法、背景版式的设置及简单的课件配色知识等。

3.1 制作课件版式

版式设计是一门学科,需要经过长时间地研究与积累才能做出好的版式。为了让用户快速了解课件版式并加以应用,本节归纳了几种常见的课件版式及版式制作的方法,供用户参考使用。

3.1.1 几种常用的页面版式

页面版式是将幻灯片的文字、图片、图表等内容进行合理的规划,使页面内容更具有条理性。常见的页面版式大致分为4种,分别为左右式、上下式、居中式及全图式。

1. 左右式

左右型版式是将页面分成左右两个部分。左图右文,或左文右图,如图3-1所示,该版式最为常用。

图 3-1

2. 上下式

上下型版式是将页面分为上、下两个部分。上图下文,或上文下图,如图3-2所示。

 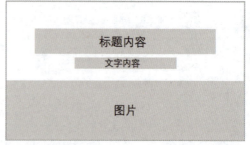

图 3-2

3. 居中式

居中型版式是将内容居中显示在页面中央。该版式常用于突出主题内容,如图3-3所示。

图 3-3

4. 全图式

全图型版式是将高清图片作为页面背景,再为其添加文字内容,使画面更有场景感,吸引学生的注意,利用该版式可快速提升课件的品质,如图3-4所示。

图 3-4

3.1.2 套用系统预设的版式

PowerPoint为用户提供了11种幻灯片版式,分别为标题幻灯片、标题和内容、节标题、两栏内容、比较、仅标题、空白、内容与标题、图片与标题、标题和竖排文字、竖排标题与文本,其中"标题幻灯片"为系统默认显示版式,如图3-5所示。

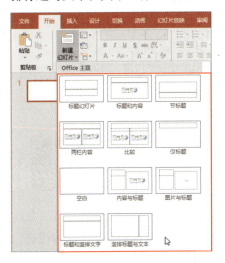

图 3-5

如果对当前版式不满意，可在"开始"选项卡的"幻灯片"选项组中单击"版式"下拉按钮，在弹出的列表中选择版式即可，如图3-6所示。

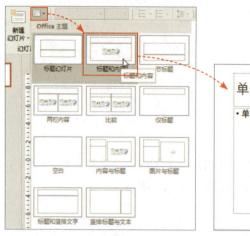

图 3-6

版式中的文本框叫占位符。占位符又分文本占位符、内容占位符、图片占位符、图表占位符等类型。单击文本占位符后，即可输入文本内容。单击占位符中的文件（图片、表格、图表、视频等）按钮，可插入相应的文件，如图3-7所示。

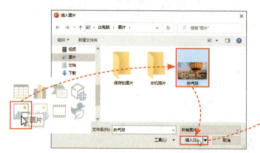

图 3-7

> **知识点拨**
> 占位符是先在页面中规划好所要区域，然后在该区域中添加相应的内容。如果不想使用占位符，将其选中，按Delete键删除即可。

3.1.3 利用母版修改版式

如果预设的版式不能满足制作需求，那么用户可对其进行自定义操作，这里就需要使用母版功能。

扫码看视频

在功能区选择"视图"选项，单击"幻灯片母版"按钮，打开母版视图界面，在此选择所需版式页，即可对其版式进行调整。用户可通过按Delete键删除多余的占位符，也可使用鼠标拖曳的方法调整占位符的大小，如图3-8所示。

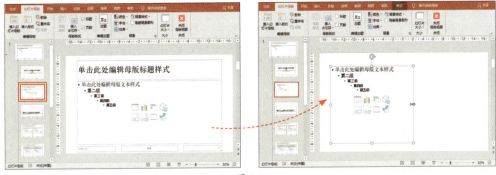

图 3-8

如果需要添加占位符,可在"幻灯片母版"选项卡中单击"插入占位符"下拉按钮,在弹出的列表中选择所需类别,然后利用鼠标拖曳的方法绘制出该占位符即可,如图3-9所示。

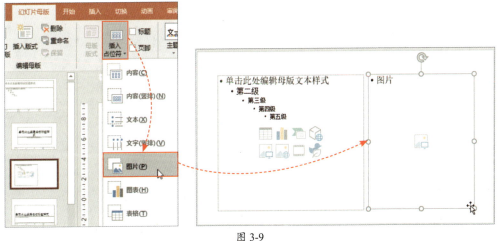

图 3-9

修改完成后,单击"幻灯片母版"选项卡中的"关闭母版视图"按钮,返回到普通视图界面。在"开始"选项卡中单击"新建幻灯片"按钮,在其版式列表中选择刚修改的版式应用即可,如图3-10所示。

图 3-10

母版由母版页和版式页两个部分组成。在"幻灯片母版"视图界面中，第1张幻灯片为母版页，其余幻灯片为版式页。当在母版页进行操作时，其他版式页也会随之变化，如图3-11所示。相反，任意选择一张版式页进行操作，则其他幻灯片无变化，如图3-12所示。

图 3-11

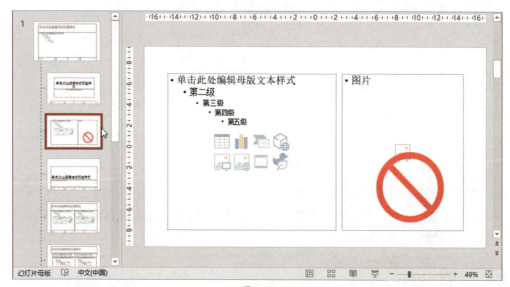

图 3-12

由此可见，利用母版页可以批量制作幻灯片的版式，使之具有统一的外观样式，同时也能兼顾到一些特殊版式的呈现。

注意事项 在母版视图中添加了设计元素（文字、图片等），当返回到普通视图后，这些设计元素是不能被修改的，只有再次进入母版视图才可以，这也就解决了PPT模板中的一些元素无法修改的问题。

动手练 利用母版为语文课件添加水印

扫码看视频

下面利用母版批量制作的特性来为语文课件添加水印。

Step 01 打开配套的素材文件，选择"视图"选项卡，单击"幻灯片母版"按钮，切换到母版视图界面，选择第1张母版页，如图3-13所示。

图 3-13

Step 02 选择"插入"选项卡，单击"文本框"下拉按钮，在弹出的列表中选择"绘制横排文本框"选项，使用鼠标拖曳的方法绘制文本框并输入水印内容，如图3-14所示。

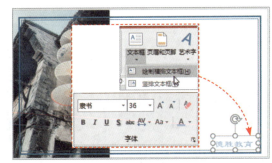

图 3-14

Step 03 水印设置完成后，单击"关闭母版视图"按钮，返回到普通视图界面。此时所有幻灯片（除封面、封底幻灯片外）均会显示出水印效果，如图3-15所示。

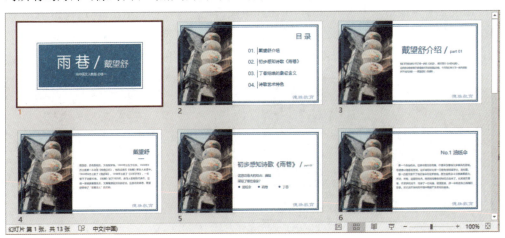

图 3-15

由于本案例隐藏了封面页和结尾页的版式，所以不显示水印内容，正常情况下是会显示的。

3.2 课件背景的设置

背景元素是页面版式中的一类,是统一页面版式的关键因素之一,接下来本节对页面背景的应用操作方法进行介绍。

3.2.1 四种背景类型

页面背景可分为单色、渐变色、图片和纹理及图案背景4种类型,用户可以根据课件内容及风格来选择使用。

1. 单色背景

单色背景看上去干净、简洁大方,能够很好地突出主题内容。在选用颜色时,切勿选择过于鲜艳的颜色,因为鲜艳的颜色非常刺眼,不适合长时间观看,如图3-16所示。

图 3-16

2. 渐变色背景

渐变色背景能给人带来很强的节奏感和审美情趣,可以考验制作者对颜色的把握程度。在选择渐变色时,选择两三种色系为最佳,尽量不要选择互补色(色环180°所指的颜色:如红和绿、蓝和橙、紫和黄)做渐变,否则页面效果会惨不忍睹,如图3-17所示。

图 3-17

3. 图片背景

利用好看的图片作背景,可以快速丰富页面内容,是提升页面效果的一种快捷方式,即使PPT制作水平不高,也可以制作出非常好看的页面效果。但需要注意的是,选用的图片一定要清晰,图片的内容要与主题相符,如图3-18所示。

图 3-18

4. 纹理及图案背景

如果单色背景看起来有点单调，那么可以尝试使用纹理或图案背景进行装饰。PPT自带很多纹理及图案效果，只要运用得当，效果也会很出彩。需要注意的是，不要选择过于夸张的纹理或图案，否则页面背景会很抢眼，而埋没了主题内容，如图3-19所示。

图 3-19

3.2.2 背景设置方法

前面介绍了几种背景的类型，下面介绍背景设置的具体方法。在功能区中选择"设计"选项卡，在"自定义"选项组中单击"设置背景格式"按钮，打开相应的设置窗格，用户根据需要选择背景并进行设置即可，如图3-20所示。

> **知识点拨**
> 右击页面，在弹出的快捷菜单中选择"设置背景格式"选项，也可以打开该设置窗格。

图 3-20

单击"纯色填充"单选按钮,在"颜色"列表中选择一款背景色即可,如图3-21所示。单击"渐变填充"单选按钮,可对渐变光圈、渐变颜色、渐变方向进行设置,如图3-22所示。

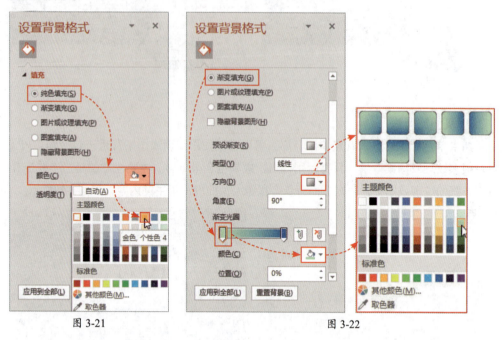

图 3-21　　　　　　　　　　　图 3-22

单击"图片或纹理填充"单选按钮,在"图片源"选项组中单击"插入"按钮,在打开的"插入图片"对话框中选择背景图片,单击"插入"按钮即可,如图3-23所示。

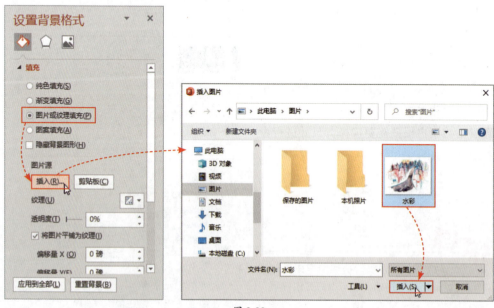

图 3-23

单击"图案填充"单选按钮,在打开的图案列表中选择合适的图案,设置"前景"颜色和"背景"颜色即可,如图3-24所示。

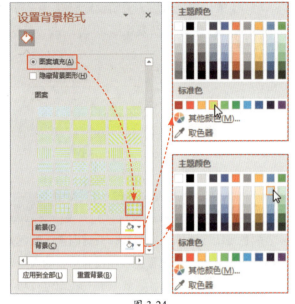

图 3-24

动手练 为影视教学课件设置渐变背景

下面以《音乐之声》课件为例来为其添加渐变背景。

Step 01 打开配套素材文件,打开"设置背景格式"设置窗格,单击"渐变填充"单选按钮,单击"方向"下拉按钮,在弹出的列表中选择"线性向右"选项,如图3-25所示。

Step 02 在"渐变光圈"选项中,按Delete键删除多余的滑块并选择需要的滑块,单击"颜色"按钮,设置两种渐变色,如图3-26所示。

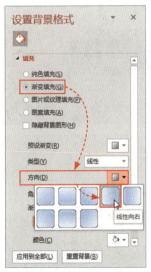

图 3-25

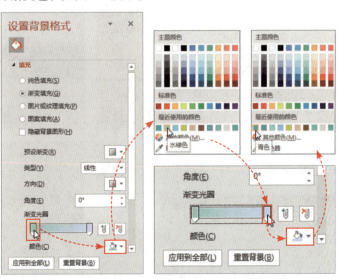

图 3-26

Step 03 设置完成后,关闭设置窗格。此时当前幻灯片背景已发生了变化,如图3-27所示。

图 3-27

3.3 课件的快速配色

配色是统一课件版式的又一关键因素。配色是一门专业的学科,需要专业训练和长期的经验积累才行。没有美术或设计功底的人想要完全自主地制定一套配色方案确实比较困难,在这种情况下就需要掌握一些配色技巧,下面介绍两种快速配色方法,供用户参考使用。

3.3.1 利用主题快速配色

PowerPoint主题是集版式、配色、字体、背景样式为一体的样板模式。每一套主题都有比较成熟的版式和配色方案,当用户面对课件无从下手时,可尝试利用主题来创建。创建操作请参阅第2.2.1节内容,在此不再重复介绍。

主题模板创建后,如果对当前的主题颜色不满意,还可快速更改当前主题色,如图3-28所示。每一套主题预设了23种配色方案,在大多数情况下可以满足用户的制作需求。

图 3-28

下面介绍更改主题色的具体操作。

在"设计"选项卡的"变体"选项组中单击"其他"下拉按钮,在弹出的列表中选择"颜色"选项,在打开的颜色列表中可以选择更多的配色方案,如图3-29所示。

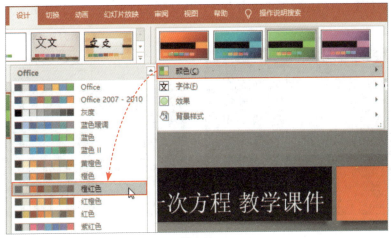

图 3-29

3.3.2 利用配色工具快速配色

前面是利用系统预设的主题色进行快速配色,除此之外,用户还可以利用第三方专业配色工具进行配色,下面以Adobe Color CC在线配色工具为例对其操作进行介绍。

Adobe Color CC是Adobe公司推出的一款在线配色神器,对没有配色基础的人群非常友好,操作简单易上手。在百度中通过输入"Adobe Color CC 配色"关键字,即可搜索到其网站并进入该网站界面,如图3-30所示。

图 3-30

界面正中为色环，色环下方为相应的配色方案及RGB的值。左上方为色彩规则列表，这里先选择"单色"类型，然后拖动色环中的取色点，指定一个主色。此时系统会自动匹配相应的配色方案并显示在色环下方，如图3-31所示。在配色方案下方会显示出对应色块的R、G、B值，如图3-32所示，获取到该组方案的色值后即可将其应用至课件中。

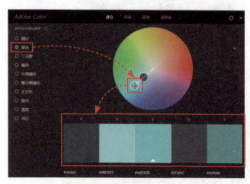

图 3-31

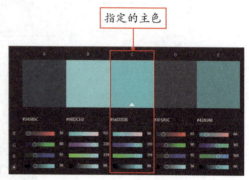

图 3-32

> **知识点拨**
>
> 每一种色彩都有对应的RGB的值，R代表红色、G代表绿色、B代表蓝色。这三种颜色按照不同比值混合在一起，会产生各种各样的颜色。在计算机系统中，R、G、B三种颜色均以0~255的整数来表示，例如，纯红色R值最大（255,0,0）；纯绿色G值最大（0,255,0）；纯蓝色B值最大（0,0,255），如图3-33所示。计算机用这类数值可以准确地表达出上千万种颜色，所以想要准确地获取某种颜色，记录下该颜色的RGB的值即可。
>
>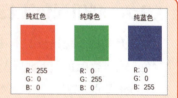
>
> 图 3-33

以上介绍的是以单色进行配色，如果想尝试多种颜色进行配色，可在左上角的色彩规则列表中选择所需类型，系统会随之匹配出更多搭配方案，图3-34所示是三元群配色方案。

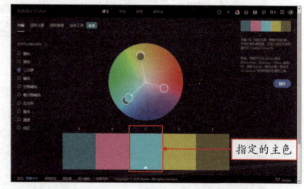

图 3-34

> **知识点拨**
>
> 三元群配色是指在色环中以120°角进行三等分，从而获得的任意一组三色轴向所形成的颜色，该配色方案可应用在低龄儿童教学课件中。

在网站导航栏中单击"探索"按钮进入探索界面,单击轮播图下方的"所有来源"按钮,选择"色彩主题"→"最受欢迎"选项,系统会显示出当前比较流行的配色方案,如图3-35所示。

图 3-35

单击其中一组方案,即可进入并查看相关颜色的RGB的值,如图3-36所示。

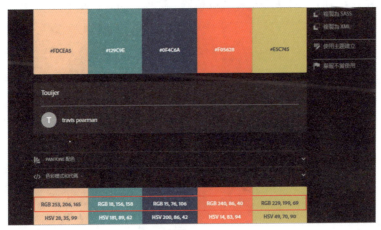

图 3-36

3.3.3 快速取色的两种方法

通过配色工具,获取到了漂亮的配色方案,可如何将该方案应用至幻灯片中呢?方法很简单,用户可以通过以下两种方法进行操作。

1. 设置 RGB 值

当获取到配色网中相应RGB值后,在幻灯片中选择要应用的元素(文字、形状等),打开其颜色列表,选择"其他颜色"选项,打开"颜色"对话框,切换到"自定义"选项卡,在此输入RGB的参数即可,如图3-37所示。

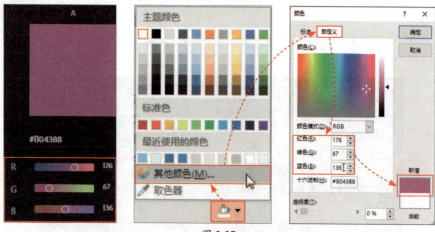

图 3-37

2. 使用"取色器"工具

利用取色器工具可以轻而易举地将屏幕中所显示的颜色直接应用至幻灯片中。先使用截图工具截取配色网中的颜色,将其以图片的形式粘贴至幻灯片中,如图3-38所示。选择要应用的元素,这里选择矩形背景,在"绘图工具-格式"选项卡中单击"形状填充"下拉按钮,在弹出的列表中选择"取色器"选项,如图3-39所示。

图 3-38　　　　　　　　　　　　图 3-39

此时光标会变成吸管图样,将光标移动至截取的图样上并单击,即可完成矩形颜色的填充操作,如图3-40所示。

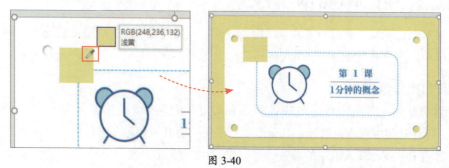

图 3-40

案例实战：调整化学课件封面版式

下面综合以上所学知识点来对化学课件的封面版式进行调整，具体操作方法如下。

Step 01 打开配套的素材文件，可以看到当前封面版式不太合理。从版式上看单调空洞，从页面配色上看突兀不和谐，如图3-41所示。

图 3-41

Step 02 本案例采用全图型版式来制作。在"设计"选项卡中单击"设置背景格式"按钮，打开相应的设置窗格。单击"图片或纹理填充"单选按钮，单击"插入"按钮，插入背景图，如图3-42所示。

图 3-42

Step 03 背景更换效果如图3-43所示。选择标题文本内容，将其移动至背景图右侧的合适位置，调整字体的颜色和大小，将3个化学符号放置在背景图的左侧进行点缀，如图3-44所示。

图 3-43

图 3-44

Step 04 选择"专题复习 第3单元"图形,在"绘图工具-格式"选项卡中单击"形状填充"下拉按钮,在弹出的列表中选择"取色器"选项,吸取背景图中的蓝色液体,此时被选的图形颜色已发生相应的变化,如图3-45所示。

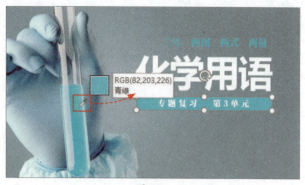

图 3-45

Step 05 在"插入"选项卡中单击"形状"下拉按钮,在弹出的列表中选择"直线"选项,如图3-46所示。

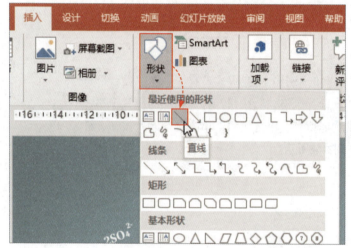

图 3-46

Step 06 使用鼠标拖曳的方法并按住Shift键绘制该直线,如图3-47所示。

图 3-47

Step 07 选择该直线,在"绘图工具-格式"选项卡中单击"形状轮廓"下拉按钮,在弹出的列表中将直线颜色设置为白色,如图3-48所示。

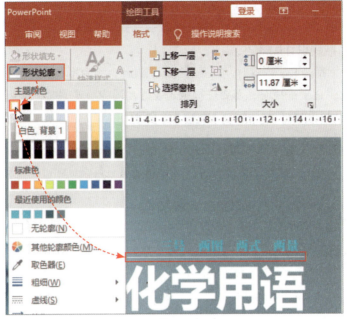

图 3-48

至此，化学课件封面版式调整完成，最终效果如图3-49所示。

图 3-49

新手答疑

1. Q：为什么需要设计版式？

   A： ①当页面都是文字内容时，需要进行版式设计，因为担心观众找不到重点。②当页面效果过于平淡时，需要进行版式设计，因为版式的变化会刺激观众视觉神经，吸引其注意。

2. Q：是不是所有页面都需要进行版式设计呢？

   A： 不是，只有关键页面才需要设计，例如封面页、目录页、过渡页和结尾页。

3. Q：为什么复制幻灯片其主题色会发生变化？

   A： 每当新建一份PPT文件时，新建的文档都有默认的主题色，如果两个PPT文档都使用了主题，那么复制PPT中的幻灯片至另一个PPT中，复制过来的内容会自动适应当前文档的主题色，解决办法是改变主题色，在"变体"选项组中单击"其他"下拉按钮，在弹出的列表中选择"颜色"选项，并在列表中选择"自定义颜色"选项，打开"新建主题颜色"对话框，在此重新设置主题色即可，如图3-50所示。

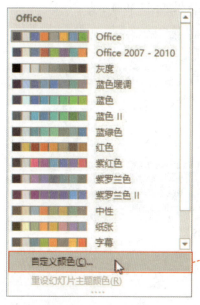 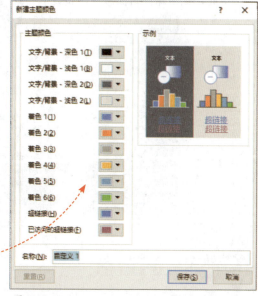

图 3-50

4. Q：在复制带有背景的页面时，发现复制后的页面背景不显示，怎么办？

   A： 遇到这种情况时，只需要在带有背景的页面中打开"设置背景格式"窗格，单击"应用到全部"按钮即可。

第4章
文字在课件中的应用

　　文字是课件不可或缺的元素之一，通过文字可以表达出作者的制作思路。在PowerPoint软件中文字的输入方式有多种，例如利用文本框输入、利用艺术字功能输入、利用控件功能输入等。本章将重点介绍文字的输入与应用操作，包括输入普通文字、输入特殊文字及文字格式的设置等。

4.1 输入课件封面标题

标题幻灯片是整个课件的门面,是课件中比较重要的页面。在制作标题幻灯片时,除了合理地规划版式外,其标题文字也需要进行修饰,本节介绍封面标题的输入与设置操作方法。

4.1.1 标题字体的选择

为了能够让封面标题更出彩,字体的选择很重要。每种字体都有独特的气质,例如黑体字体有着严谨沉稳的气质,如图4-1所示。

宋体字体有着温文尔雅的气质,如图4-2所示。

图 4-1

图 4-2

对于课件标题来说,一般会选择黑体字体作为标题字体,这类字体比较醒目,能够突出课件标题内容,如图4-3所示。

图 4-3

宋体字体在视觉上虽然没有黑体醒目,但识别性很高,所以作为课件正文字体(特别是对于自主学习的课件来说,宋体是不错的选择),如图4-4所示。

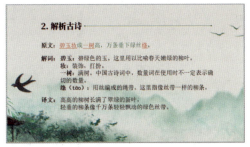 

图 4-4

对于特殊课件,可选用特殊类型的字体,例如在制作低龄儿童教学课件时,如果选用黑体或宋体,会感觉比较严谨,缺乏亲和力,如图4-5所示,而选用卡通类字体,效果会好很多,如图4-6所示。

图 4-5　　　　　　　　　　　　　图 4-6

卡通类字体会呈现出俏皮可爱、天真无邪的气质,能够快速吸引孩子的注意力,拉近与孩子们的距离,以便进行很好地沟通。此外,手写体、广告体、书法体等特殊字体,只要运用恰当,同样可以很出彩。

> **知识点拨**
>
> 手写体比较随性,适用于美术课件;广告体的设计感很强,适用于设计类课件;书法体给人饱满、柔中带刚的气质,适用于各类古诗词鉴赏课件。

4.1.2　输入标题内容

在幻灯片中用户可通过文本占位符、文本框及艺术字这三种功能来输入文字内容,下面分别对这三种功能进行讲解。

1. 利用文本占位符输入

新建一份空白演示文稿后,页面会显示出两个虚线框,该虚线框为文本占位符如图4-7所示。单击该占位符内任意一处即可输入文字,如图4-8所示。

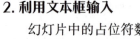

图 4-7

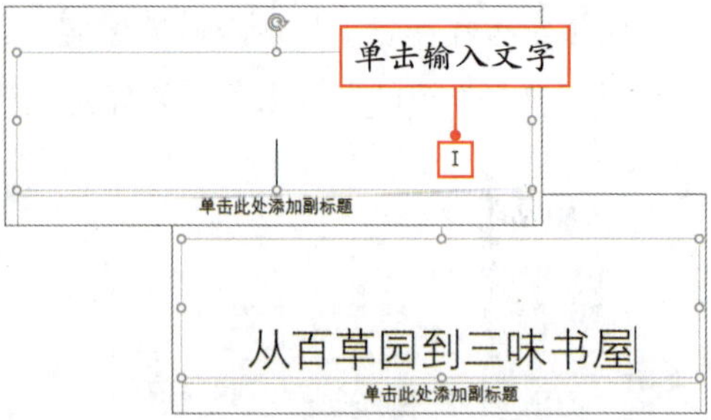

图 4-8

2. 利用文本框输入

幻灯片中的占位符数量是预先设置好的，如果需要在页面某处添加文字，可使用文本框功能来操作。在"插入"选项卡中单击"文本框"下拉按钮，在弹出的列表中选择文本框的类型，如图4-9所示。

图 4-9

使用鼠标拖曳的方法在页面中绘制出文本框即可输入文字，如图4-10所示。

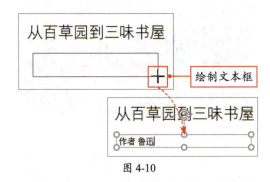

图 4-10

文本框有两种，分别是横排文本框和竖排文本框，顾名思义，横排文本框的文字内容为横向显示；竖排文本框的文字内容为纵向显示。用户可以根据页面版式要求来选择使用。

将其他文件的内容直接复制粘贴至幻灯片中，则该内容会以文本框的形式来显示。

3. 利用艺术字输入

艺术字可以快速美化文字，提高幻灯片的整体美感。在制作课件标题时，经常会用到这项功能，下面介绍具体的操作方法。

在"插入"选项卡中单击"艺术字"下拉按钮，在弹出的列表中选择一种艺术字样式，如图4-11所示，此时幻灯片中会插入相应样式的艺术字文本框，删除文本框中的内容，输入新内容即可，如图4-12所示。

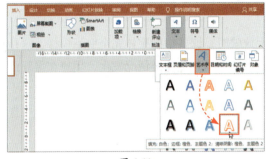
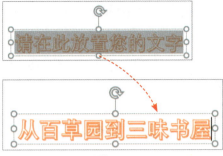

图 4-11　　　　　　　　　　　　图 4-12

艺术字创建完成后，若想对其样式进行修改，可以通过"绘图工具-格式"选项卡的"艺术字样式"选项组中的相关命令来进行操作，如图4-13所示。

在该选项组中单击"文本填充"下拉按钮，在弹出的列表中可以对艺术字的填充颜色进行设置，如图4-14所示；单击"文本轮廓"下拉按钮，在弹出的列表中可以对艺术字的轮廓线颜色、轮廓线粗细、轮廓线类型进行设置，如图4-15所示；单击"文字效果"下拉按钮，在弹出的列表中可以对艺术字的效果进行设置，例如添加阴影、设置映像效果、设置发光效果等，如图4-16所示。

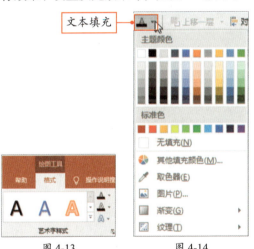

图 4-13　　　　图 4-14　　　　图 4-15　　　　图 4-16

> **知识点拨**
>
> 在"文字效果"下拉列表中选择"转换"选项，在打开的列表中，用户可为当前艺术字设置不同的排列方式，利用该功能可以做出很多有趣的文字效果，如图4-17所示。
>
>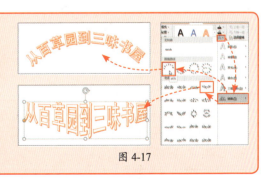
>
> 图 4-17

第 4 章　文字在课件中的应用

4.1.3　字体的嵌入

有时会发现自己的课件在其他计算机上放映时，课件中的字体完全变了模样，这是因为其他计算机中没有安装相应的字体造成的。为了避免这类情况发生，用户在保存课件时，需要将字体进行嵌入操作，下面介绍具体的操作方法。

在"文件"选项卡中选择"选项"选项，在打开的"PowerPoint选项"对话框中选择"保存"选项，如图4-18所示。

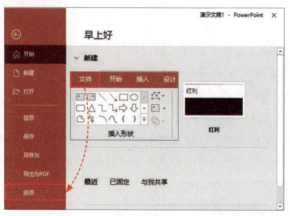

图 4-18

在右侧的"共享此演示文稿时保持保真度"选项下，勾选"将字体嵌入文件"复选框，单击"确定"按钮即可，如图4-19所示。

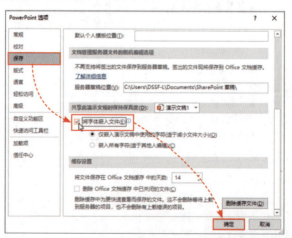

图 4-19

> **知识点拨**
>
> 字体嵌入有两种类型，一种是仅嵌入当前文稿使用的字符，另一种是嵌入所有字符，建议选择第一种嵌入类型，因为第二种是嵌入字体库中所有的字符（约3000种字形），这样会增加当前文稿的容量，不利于放映及传输。

动手练 保存数学课件标题字体

嵌入字体是保存字体的一种方法。此外，用户还可以使用复制粘贴的方法，将文字转换为图片格式，也可进行字体保存操作。下面以保存"认识小数"课件标题为例来介绍具体的保存方法。

Step 01 打开"动手练 保存数学课件标题字体"素材文件。选择"认识小数"文本内容，右击，在弹出的快捷菜单中选择"复制"选项，如图4-20所示。

图 4-20

Step 02 右击页面任意处，在弹出的快捷菜单中选择"粘贴选项"下方的"📋"选项，如图4-21所示。

图 4-21

Step 03 此时被复制的标题文字已转换成图片。删除原标题文字，保留图片标题，将其移至幻灯片的合适位置即可，如图4-22所示。

图 4-22

注意事项 文字转换为图片后，其内容将无法再修改，所以在转换之前，用户需考虑文字内容是否为最终版。

4.2 输入课件内容

标题幻灯片制作完成后，下面开始制作课件内容，在文本框中输入具体的内容即可。想要输入的内容有美感，就需要对其进行一番设置操作，例如设置文本格式、段落格式、段落间距等。

4.2.1 文本格式的基本设置

文本输入完成后，用户可在"开始"选项卡的"字体"选项组中对文本的字体、字号、颜色等格式进行设置，如图4-23所示。

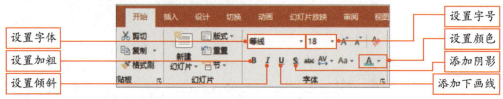

图 4-23

单击"字体"右侧的对话框启动按钮，在打开的"字体"对话框中可以对文字的格式进行详细设置，例如设置下画线线型、下画线颜色、添加上下标、添加删除线等效果，如图4-24所示。在该对话框中单击"字符间距"选项卡，可以调整字符的间距值，如图4-25所示。

图 4-24

图 4-25

知识点拨

在"字体"选项组中单击 A˙ 按钮，可快速增大字号，单击 按钮可快速减小字号。单击 Aa˙ 按钮，在打开的列表中可根据需求设置字母大小写，如图4-26所示。

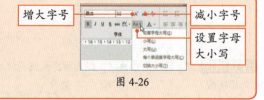

图 4-26

4.2.2 段落行距的调整操作

段落即成段的文本，设置段落间距可使幻灯片看上去更美观。默认情况下段落的行距为1倍，用户可以在"开始"选项卡的"段落"选项组中单击"行距"下拉按钮，在弹出的列表中选择合适的行距值即可，如图4-27所示。

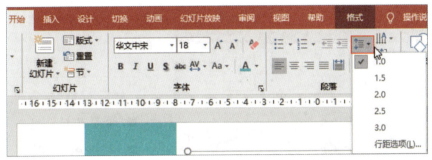

图 4-27

段落内容较多的情况下，建议将段落行距值设为1.5倍，如图4-28所示的是行距为1倍的效果，图4-29所示是行距为1.5倍的效果，两者相比较，前者比较拥挤，后者很宽松，阅读起来也比较轻松。

图 4-28　　　　　　　　　　　　　图 4-29

单击"段落"选项组右侧的对话框启动器按钮，打开"段落"对话框，用户可以对段落格式进行更为详细地设置，例如设置段落对齐方式、首行缩进值、设置段前段后间距值等，如图4-30所示。

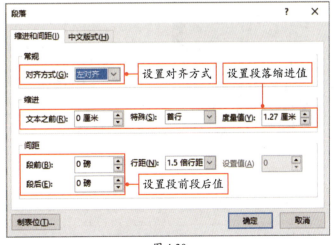

图 4-30

4.2.3 为内容添加项目符号及编号

为段落添加项目符号或编号，可以使其内容更具有条理性，逻辑更清晰。具体的设置方法为，在幻灯片中选择要添加的段落，在"开始"选项卡中单击"项目符号"下拉按钮，在弹出的列表中选择一种符号样式，此时被选择的段落会自动添加相应的符号，如图4-31所示。

图 4-31

添加编号的方法与添加项目符号的方法类似，选择所需段落，在"开始"选项卡中单击"编号"下拉按钮，在弹出的列表中选择一种编号样式即可，如图4-32所示。

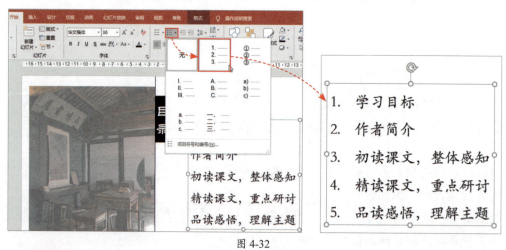

图 4-32

> **知识点拨**
> 想要删除项目符号或编号，在"项目符号"或"编号"下拉列表中选择"无"选项即可。

动手练 批量更改语文课件字体

课件内容制作完成后,发现字体不合适需要更换,这时利用"替换字体"功能可高效地进行批量更换操作。下面以"从百草园到三味书屋"课件为例,将课件中所有的"华文楷体"字体批量替换为"新宋体"字体,具体操作方法如下。

Step 01 打开"从百草园到三味书屋"素材文件,在"开始"选项卡中单击"替换"下拉按钮,在弹出的列表中选择"替换字体"选项,如图4-33所示。

Step 02 在"替换字体"对话框中将"替换"设置为"华文楷体"选项,如图4-34所示。

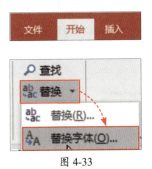

图 4-33

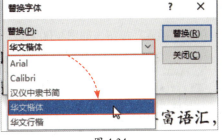

图 4-34

Step 03 在"替换字体"对话框中将"替换为"设置为"新宋体"选项,如图4-35所示。

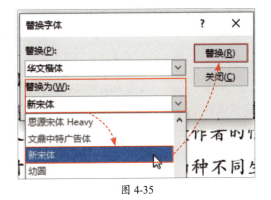

图 4-35

Step 04 设置完成单击"替换"按钮,此时课件中所有"华文楷体"字体已批量更改为"新宋体",如图4-36所示。

图 4-36

4.3 输入课件特殊文本

在制作数学、物理等理科课件时,经常会输入一些特殊的数学符号及公式,像这类文本该如何输入呢?本节介绍特殊符号及公式的输入方法。

4.3.1 输入特殊符号及公式

如果需要在幻灯片中输入一些特殊的符号,例如常用小图标、各类单位符号等,可以使用"符号"功能来操作。具体操作方法为,在页面中指定符号的插入点,在"插入"选项卡中单击"符号"按钮,打开"符号"对话框,在"子集"选项中选择符号类型,这里选择"希腊语"选项,如图4-37所示。在符号列表中选择要输入的符号,例如选择"α",单击"插入"按钮,如图4-38所示。

图 4-37

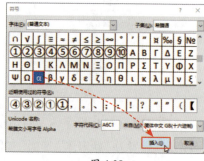

图 4-38

单击"关闭"按钮关闭该对话框,完成该符号的输入操作,如图4-39所示。

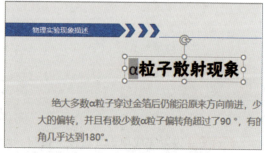

图 4-39

要想在幻灯片中插入某公式,操作也很简单。下面以插入如图4-40所示的物理公式为例来介绍具体的操作方法。

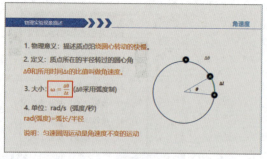

图 4-40

Step 01 在幻灯片中指定公式插入点，在"插入"选项卡中单击"公式"下拉按钮，在弹出的列表中选择"插入新公式"选项，如图4-41所示。

Step 02 此时，光标处会显示"在此处键入公式"字样，在"公式工具-设计"选项卡的"符号"选项组中单击"其他"下拉按钮，在弹出的列表中选择"ω"选项，文本框中会插入"ω"符号，如图4-42所示。

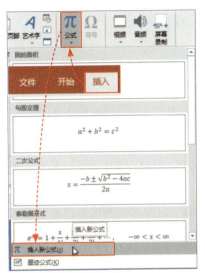

图 4-41

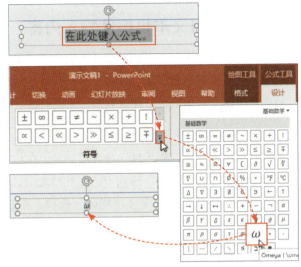

图 4-42

Step 03 在"符号"列表中选择"="选项，在"结构"选项组中单击"分式"下拉按钮，在弹出的列表中选择一种分式样式，如图4-43所示。

Step 04 在文本框中插入该分式，选择分子"y"，在"符号"列表中选择"θ"选项，输入新参数即可，如图4-44所示。

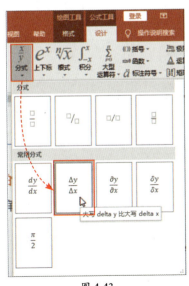

图 4-43

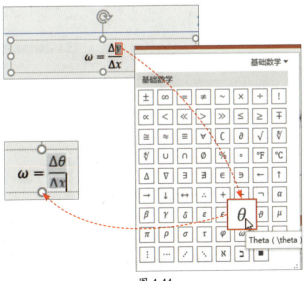

图 4-44

Step 05 选择分母中的"x"选项，将其更改为"t"，输入完成后，单击页面的任意处即可完成公式的输入操作，如图4-45所示。

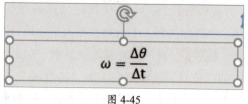

图 4-45

4.3.2 利用文本框控件输入内容

当课件内容较多时，一张幻灯片无法全部展示出来，若分成若干页来显示，上、下来回翻页比较麻烦。这时可以通过文本框控件来解决，该控件可以通过拖动滚动条的方式将内容全部展示出来。下面以制作"阅读训练"内容为例来介绍具体的操作方法。

1. 调出"文本框控件"命令

默认情况下"文本框控件"命令不会显示在功能区中，用户需要手动将其调出。其操作方法为，单击"文件"选项卡，在其列表中选择"选项"选项，打开"PowerPoint 选项"对话框，选择"自定义功能区"选项，在右侧的"自定义功能区"列表中勾选"开发工具"复选框，单击"确定"按钮即可，如图4-46所示。

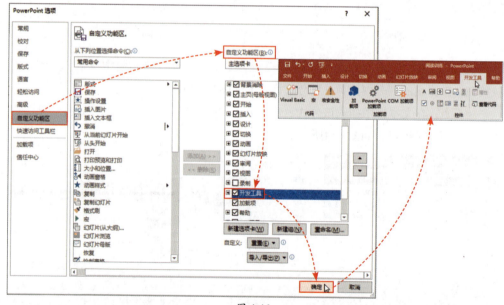

图 4-46

2. 插入并设置文本框控件的属性

打开"阅读训练"素材文件，选择第1张幻灯片。在"开发工具"选项卡的"控件"选项组中单击"文本框控件"按钮，如图4-47所示。在幻灯片中使用鼠标拖曳的方法绘制出文本框区域，如图4-48所示。

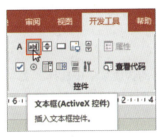
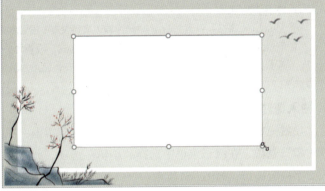

图 4-47　　　　　　　　　　　图 4-48

右击该文本框，在弹出的快捷菜单中选择"属性表"选项，打开"属性"对话框，如图4-49所示。切换到"按分类序"选项卡，将SorollBars属性设置为2-fmScrollBarsVertical；将AutoSize属性设置为False；将EnterKeyBehavior属性设置为True；将MultiLine属性设置为True；将TextAlign属性设置为1-fmTextAlignLeft，如图4-50所示。

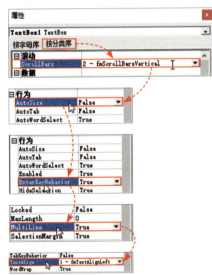

图 4-49　　　　　　　　　　　图 4-50

下面对以上设置的属性选项进行说明。

- SorollBars属性：利用滚动条来显示多行文字内容。0-fmScrollBarsHorzontal表示没有滚动条；1-fmScrollBarsHorzontal表示水平滚动条；2-fmScrollBarsVertical表示垂直滚动条；3-fmScrollBarsBoth表示显示水平滚动条和垂直滚动条。
- AutoSize属性：设置为True时根据文字多少、大小自动调整文本框的大小；设置为False时文本框固定不变。
- EnterKeyBehavior属性：设置为True时允许通过回车键手动换行；设置为False时则不允

> **知识点拨**
> 许手动换行。
> - MultiLine属性：设置为True时允许输入多行文字；设置为False时以单行文字显示。
> - TextAlign属性：设置文本框中文字的对齐方式。设置为1-fmTextAlignLeft时文字左对齐；设置为2-fmTextAlignCenter时文字居中对齐；设置为3-fmTextAlignRight时文字右对齐。

3. 输入课件内容

设置完成后，关闭"属性"对话框。右击文本框，在弹出的快捷菜单中选择"文本框对象"选项，在级联菜单中选择"编辑"选项，此时文本框变为可编辑状态，在此输入文字内容即可，如图4-51所示。

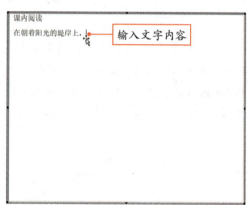

图 4-51

输入完成后，单击文本框外任意一点即可完成文本框控件的设置操作，如图4-52所示，由此可以看出，当文本内容超出文本框的范围时，在文本框右侧会显示出滚动条，向下拖动滚动条即可查看剩余内容。

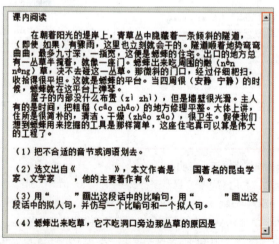

图 4-52

注意事项 当文本框呈编辑状态（如图4-51所示）时，滚动条才可以操作。

动手练 输入数学课件中的方程式

前面向用户介绍了如何利用"公式"功能来输入课件中的公式内容，下面介绍另一种便捷方法，就是利用"墨迹公式"直接插入，具体操作方法如下。

Step 01 打开"动手练 输入数学课件中的方程式"素材文件，选择第1张幻灯片。指定插入点，在"插入"选项卡中单击"公式"下拉按钮，在弹出的列表中选择"墨迹公式"选项，如图4-53所示。

Step 02 在"数学输入控件"对话框中利用光标手动写入公式，如图4-54所示。在写入过程中，系统会自动识别用户写入的内容并显示在上方预览窗口中。当识别错误时，可单击"擦除"按钮擦除错误内容，重新写入即可。

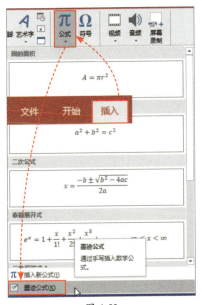

图 4-53

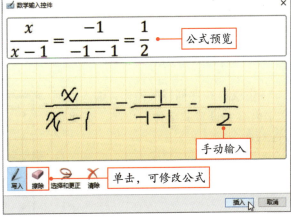

图 4-54

Step 03 确认输入的内容无误后，单击"插入"按钮即可将该方程式插入至页面中，如图4-55所示。

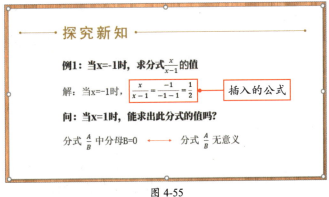

图 4-55

案例实战：制作化学课件内容页

下面结合以上所学知识来制作化学课件部分内容页，具体操作方法如下。

Step 01 打开"化学用语课件"素材文件，选择第2张幻灯片，在"插入"选项卡中单击"文本框"下拉按钮，在弹出的列表中选择"绘制横排文本框"选项，在页面中绘制文本框并输入文字内容，如图4-56所示。

Step 02 选择该文本框，在"字体"选项组中设置文字的字体、字号、颜色并将其加粗显示，如图4-57所示。

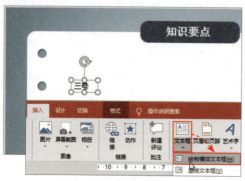

图 4-56　　　　　　　　图 4-57

Step 03 按照同样的操作，输入本页文字内容并设置其字体、字号，效果如图4-58所示。

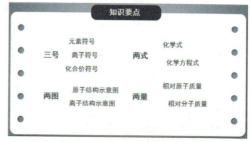

图 4-58

Step 04 当前文字内容没有排列整齐，所以会显得很乱。下面需要将文字进行对齐操作，选择要对齐的文本框，在"开始"选项卡中单击"排列"下拉按钮，在弹出的列表中选择"对齐"选项，在其级联菜单中选择"左对齐"选项，如图4-59所示。

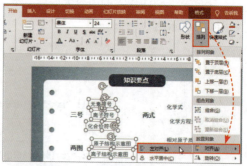

图 4-59

Step 05 此时，被选中的文本框均以"化合价符号"文本框为基准进行左对齐，如图4-60所示。选择对齐后的文本框，将其向右移至合适位置，调整文本框位置，如图4-61

所示。

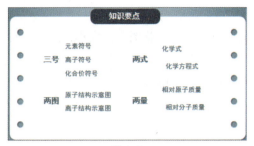

图 4-60

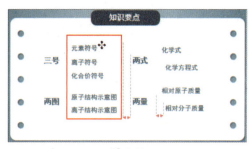

图 4-61

Step 06 将页面右侧4个需要对齐的文本框以"化学式"文本框为基准进行左对齐，如图4-62所示。

图 4-62

Step 07 在"插入"选项卡中单击"形状"下拉按钮，在弹出的列表中单击"{"图标，如图4-63所示。

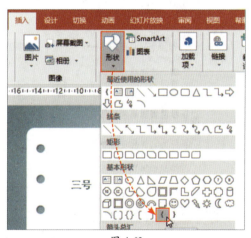

图 4-63

Step 08 使用鼠标拖曳的方法在页面的合适位置绘制"{"，如图4-64所示。绘制完成后，选择"{"左侧的中间控制点，按住左键不放并将其向左移动至合适位置，松开鼠标，即可调整"{"的大小，如图4-65所示。

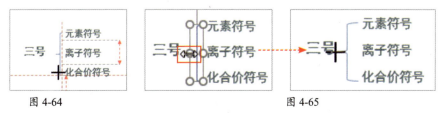

图 4-64　　　　　　　　图 4-65

Step 09 选择绘制的"{",按住Ctrl键,将其向下复制,根据内容调整括号图形的大小,如图4-66所示。

Step 10 再次将"{"复制到其他内容的合适位置,调整图形的大小,如图4-67所示。

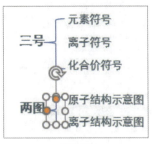

图 4-66

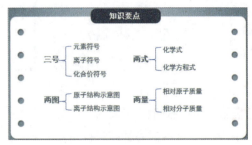

图 4-67

Step 11 在该页面中,选择所有"{",在"绘图工具-格式"选项卡中单击"形状轮廓"下拉按钮,在弹出的列表中选择轮廓颜色,即可更改该图形颜色,如图4-68所示,本页内容制作完成。

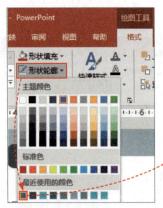

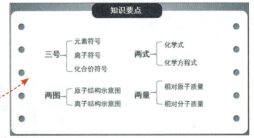

图 4-68

Step 12 选择第3张幻灯片,插入一个横排文本框并输入文字内容,设置文字的字体、字号、颜色并将文字进行加粗显示,如图4-69所示。

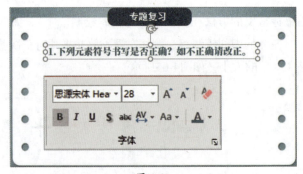

图 4-69

Step 13 选择该文本框，按住Ctrl键，将文本框向下进行复制，删除复制后的文本内容，在"插入"选项卡中单击"符号"按钮，如图4-70所示。

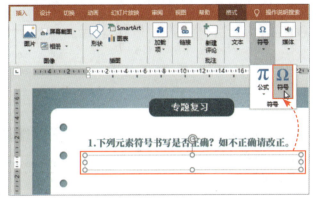

图 4-70

Step 14 打开"符号"对话框，单击"子集"下拉按钮，在弹出的列表中选择"带括号的字母数字"选项，如图4-71所示。在符号列表中选择"①"符号，单击"插入"按钮，单击"关闭"按钮，将该符号插入至文本框中，如图4-72所示。

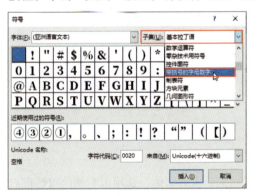

图 4-71

图 4-72

Step 15 在插入的符号后面输入文本内容。再次按照以上插入符号的操作步骤，插入"②、③、④"符号，并分别在其符号后输入相应的文本内容，如图4-73所示。

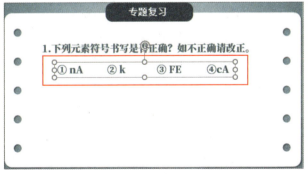

图 4-73

Step 16 在页面中选择刚输入的两个文本框,按Ctrl键,将其向下进行复制并修改其复制后的文本内容,完成第3张幻灯片内容的制作,如图4-74所示。

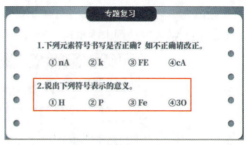

图 4-74

Step 17 选择第4张幻灯片,插入横排文本框,输入文字内容,调整文字的字体、大小、颜色并将文字加粗显示,如图4-75所示。

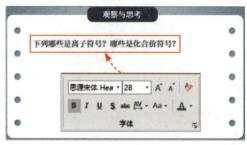

图 4-75

Step 18 按照Step13~Step15的操作输入文字内容,如图4-76所示。

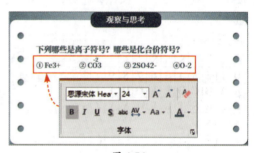

图 4-76

Step 19 选择文本"Fe3+"中的"3+"字样,单击"字体"选项组右侧的对话框启动器按钮,打开"字体"对话框,勾选"上标"复选框,单击"确定"按钮,完成上标文本的设置操作,如图4-77所示。

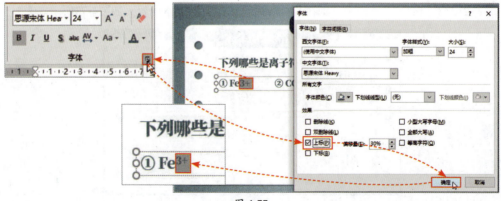

图 4-77

Step 20 选择文本"CO3"中的"3"字样,打开"字体"对话框,勾选"下标"复选框,单击"确定"按钮,将其设置为下标文本,如图4-78所示。

图 4-78

Step 21 按照同样的操作步骤,设置其他符号的上标和下标文本,如图4-79所示。

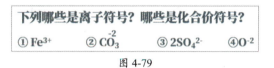

图 4-79

Step 22 复制"下列哪些是离子符号……"文本框至下方合适位置,修改其内容,将"讨论……"文本设置为红色,突出显示,如图4-80所示。

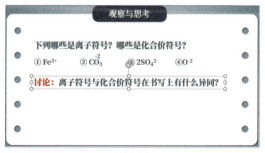

图 4-80

Step 23 将该文本框向下复制,修改内容并设置文本字号,如图4-81所示。

图 4-81

Step 24 选择"相同点……"文本框,在"段落"选项组中单击"行距"下拉按钮,在弹出的列表中选择"1.5"选项,调整当前文本的行距,如图4-82所示。

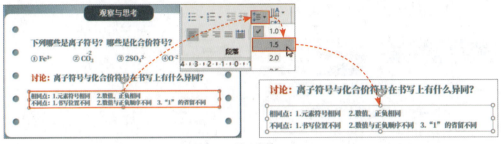

图 4-82

Step 25 将该文本框保存,在"段落"选项组中单击"项目符号"下拉按钮,在弹出的列表中选择一款满意的符号样式,即可为当前文本添加项目符号,如图4-83所示。至此,第4张幻灯片内容制作完成。

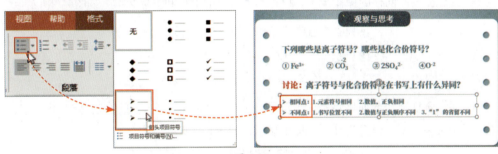

图 4-83

Step 26 选择第5张幻灯片,插入横排文本框,输入文本内容并对其文字的字体、字号及颜色进行设置,如图4-84所示。

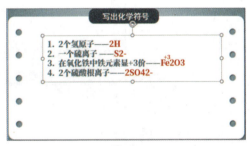

图 4-84

Step 27 选择文本相关符号,将其设置为上标和下标,将文本内容的行距设置为"2.0",至此,第5张幻灯片内容制作完成,如图4-85所示。

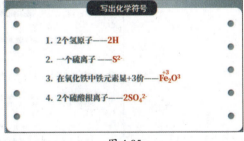

图 4-85

清华电脑学堂

清华电脑学堂
标准教程系列图书

（书单）

清华大学出版社
北京

系列图书学习指导

在学习之前,请您先仔细阅读"系列图书学习指导",其中指明了书中各个部分的重点内容和学习方法,有利于您正确使用本系列图书进行学习。

进教师交流QQ群(群号:535748524)可获取相应图书的PPT课件、教学教案、课程大纲等文件。同时还能下载部分图书的上机指导手册、考试题库、常用办公模板、百集专题视频、Office小技巧动画演示,以及更多办公小工具。

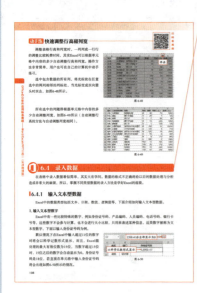

章节名称

在您学习本节内容之前,可以先参考此处的知识点简介,大致了解本节内容,从而抓住重点进行学习。另外,您还可以扫码观看学习视频。

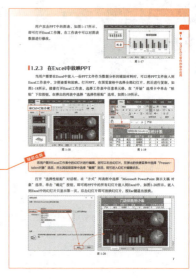

知识点拨

在书中随处可见"知识点拨"内容,通过这些提示可以了解更多操作技巧和注意事项,是提高工作效率的好帮手。

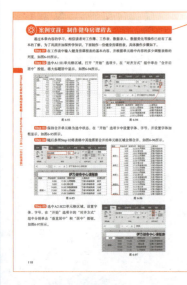

案例实战

每章末尾安排综合实战案例,贴近日常办公场景,综合运用书中所讲知识要点,帮助读者彻底消化所学内容。

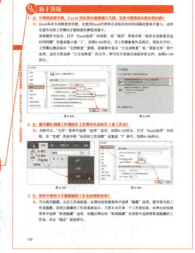

新手答疑

书中汇总了日常工作中所遇到的疑难问题,并给出了合理解释,帮助读者提高学习效率。

清华电脑学堂标准教程系列图书

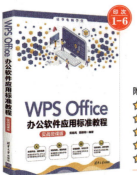

值得作为你置于案头随时翻阅学习的一手资料！

本书以WPS Office为写作平台，用通俗易懂的语言对WPS Office这款主流的办公软件进行详细阐述。全书内容涵盖文字、表格和演示这三大组件的基础操作，知识点包括文档的自动化排版、图文混排的方法、数据报表的创建、数据的分析管理、演示文稿的设计、简单动画的添加以及放映演示文稿等。

全书共有**61**个动手实操练习，**13**个综合案例实战，**13**篇手机办公知识，**50**节同步学习视频。现已被几十所高校选为指定教材！

定价：59.80 元　书号：ISBN 978-7-302-57070-7

附赠
- 实例文件
- 学习视频
- PPT 课件
- 教学教案
- QQ 群技术支持

章节内容
1. WPS文字基础应用
2. 文档精致排版
3. 文档中的表格应用
4. 制作图文并茂的文档
5. WPS表格基础操作
6. 处理与分析数据
7. 使用公式与函数
8. 用图表展示数据
9. 保护与打印数据表
10. WPS演示基础操作
11. 设计幻灯片元素
12. 打造动画与交互效果
13. 放映与输出演示文稿

常用三大Office办公组件实用技巧全分享宝典！

本书以微软Office为写作平台，以知识应用为指导思想，对Office办公软件进行详细介绍。全书内容涵盖了Word文档的编排与处理、Excel数据分析与计算、PPT文稿的设计与制作。在正文中安排"动手练""案例实战"以及"新手答疑"三大板块，让读者在学习理论知识的同时，还能够掌握各种案例的制作方法。案例选取具有代表性，且贴合职场实际需求，可操作性强。操作步骤全程图解，即学即用。

全书共有**47**个动手练习，**12**个综合案例实战，**50**节同步学习视频。现已被几十所高校选为指定教材！

定价：59.80 元　书号：ISBN 978-7-302-57120-9

附赠
- 实例文件
- 学习视频
- PPT 课件
- 教学教案
- QQ 群技术支持

章节内容
1. Office办公软件的协作应用
2. 文档编辑与页面设置
3. 制作图文混排的文档
4. 制作带表格的文档
5. 文档的高级排版
6. Excel表格基础操作
7. 数据的管理与分析
8. 公式与函数的应用
9. 高级数据分析工具
10. 制作静态演示文稿
11. 制作动态演示文稿
12. 演示文稿的放映与输出

2024 BOOK EXPLORER

PPT 多媒体课件制作标准教程

附赠
- 实例文件
- 学习视频
- PPT 课件
- 教学教案
- QQ 群技术支持

定价：59.80 元　**书号：ISBN 978-7-302-57671-6**

章节内容

1. 全面了解多媒体课件
2. PowerPoint课件制作入门
3. 版式在课件中的应用
4. 文字在课件中的应用
5. 图形/图片/表格在课件中的应用
6. 声音和视频在课件中的应用
7. 动画技术在课件中的应用
8. 链接技术在课件中的应用
9. 课件的放映和输出
10. 制作数学考前辅导课件

内容简介

本书将课件制作与教学设计相结合，利用通俗易懂的语言对课件功能的实现到PowerPoint软件的应用进行全面阐述。

全书共10章，详细介绍课件制作的相关理论，讲解如何利用PowerPoint软件制作教学课件的方法与技巧，其内容涵盖课件版式的设计、文字的应用、图形和图片的插入、表格的插入、声音和视频的添加、动画技术的应用、交互链接的设置及放映技术的设置等。每章正文中穿插"动手练"体例，结尾安排"案例实战""新手答疑"板块。全书结构编排合理，所选案例贴合职场实际需求，可操作性强。案例讲解详细，一步一图，即学即用。

本书适合作为各级教师的培训教材，也适合中小学各科教师、多媒体课件制作人员及PowerPoint制作爱好者阅读使用。

清华电脑学堂标准教程系列图书

附赠
- 实例文件
- 学习视频
- PPT 课件
- 教学教案
- QQ 群技术支持

定价：69.80 元　　**书号：ISBN 978-7-302-64331-9**

章节内容：
1. 计算机网络安全概述
2. 网络模型中的安全体系
3. 常见渗透手段及防范
4. 病毒与木马的防范
5. 加密与解密技术
6. 局域网与网站安全
7. 身份认证及访问控制
8. 远程控制及代理技术
9. 灾难恢复技术

Kali 渗透技术标准教程
（实战微课版）
即将出版

附赠
- 实例文件
- 学习视频
- PPT 课件
- 教学教案
- QQ 群技术支持

定价：　　元　　**书号：ISBN 978-7-302-**

章节内容：
1. Kali 与渗透测试
2. Kali 入门基本操作
3. 信息收集
4. 嗅探与欺骗
5. 漏洞的扫描与利用
6. 提升权限
7. 密码攻击
8. 无线网络渗透

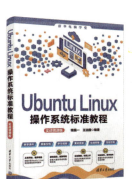

附赠
- 实例文件
- 学习视频
- PPT 课件
- 教学教案
- QQ 群技术支持

定价：59.80 元　　**书号：ISBN 978-7-302-63705-9**

章节内容：
1. 认识 Linux 操作系统
2. 图形界面基础
3. 终端窗口的使用
4. 文件系统管理
5. 用户与权限管理
6. 存储介质管理
7. 网络服务管理
8. 安全管理

附赠
- 实例文件
- 学习视频
- PPT 课件
- 教学教案
- QQ 群技术支持

定价：69.80 元　　**书号：ISBN 978-7-302-65319-6**

章节内容：
1. Windows Server 系统概述
2. 本地用户与组管理
3. 文件系统管理
4. 磁盘系统管理
5. 域环境的部署
6. 配置 DHCP 与 DNS 服务
7. 配置 FTP 与 Web 服务
8. 配置其他常见的网络服务
9. 系统安全与管理
10. 虚拟机的安装与使用

2024 BOOK EXPLORER

附赠
- 实例文件
- 学习视频
- PPT 课件
- 教学教案
- QQ 群技术支持

定价：59.80 元　　书号：ISBN 978-7-302-57455-2

章节内容
1. PPT入门必备
2. PPT基础
3. PPT版式布局设计
4. 字体的设计与应用
5. 图形图像的设计与应用
6. 表格图表的设计与应用
7. 音、视频的添加与应用
8. 动画的设计与应用
9. PPT的放映与输出
10. PPT在实际工作中的应用

附赠
- 实例文件
- 学习视频
- PPT 课件
- 教学教案
- QQ 群技术支持

定价：59.80 元　　书号：ISBN 978-7-302-57618-1

章节内容
1. 企业日常费用管理
2. 明细账与总账管理
3. 员工薪酬管理
4. 进销存管理
5. 固定资产管理
6. 往来账务管理
7. 月末账务管理
8. 财务报表管理
9. 常用表格管理
10. 财务分析管理

附赠
- 实例文件
- 学习视频
- PPT 课件
- 教学教案
- QQ 群技术支持

定价：59.80 元　　书号：ISBN 978-7-302-57071-4

章节内容
1. Excel新手必备知识
2. 数据录入不可轻视
3. 数据表的格式化
4. 数据的处理与分析
5. 公式的应用
6. 常见函数的应用
7. 用图表直观呈现数据
8. 多维度动态分析数据
9. 高级分析工具的应用
10. 宏与VBA快速入门
11. 工作表的打印与协同办公
12. Excel在实际公式中的应用

附赠
- 实例文件
- 学习视频
- PPT 课件
- 教学教案
- QQ 群技术支持

定价：59.80 元　　书号：ISBN 978-7-302-57995-3

章节内容
1. Excel公式与函数基础知识
2. 公式的检查和错误值处理
3. 统计函数的应用
4. 查找与引用函数的应用
5. 逻辑函数的应用
6. 数学与三角函数的应用
7. 日期与时间函数的应用
8. 文本函数的应用
9. 财务函数的应用
10. 信息函数的应用
11. 函数在条件格式和数据验证中的应用

清华电脑学堂标准教程系列图书

定价：59.80 元　书号：ISBN 978-7-302-57599-3

附赠
- 实例文件
- 学习视频
- PPT 课件
- 教学教案
- QQ 群技术支持

章节内容
1. Project项目管理概述
2. 创建和管理项目文档
3. 项目任务的管理
4. 项目资源的管理
5. 项目成本的管理
6. 项目报表的使用
7. 项目进度的跟踪
8. 项目的分析与调整
9. 项目文档的美化
10. 多项目管理

内容简介

Project是目前市场上通用的主流项目管理工具，本书以图文并茂的组织形式、通俗易懂的文字描述详细介绍Project的使用方法和操作技巧。

全书共10章，内容涵盖Project项目管理概述、项目文档的创建和管理、项目任务的管理、项目资源的管理、项目成本的管理、项目报表的使用、项目进度的跟踪、项目的分析与调整、项目文档的美化以及多项目管理。每章正文中穿插"动手练"操作案例，结尾安排"实战案例"和"新手答疑"两大知识板块。

全书有 **38** 个实操案例，**35** 节同步视频。在同类书中销售名列前茅，受到了众多社会读者及院校师生的好评。

内容简介

本书以Visio为基础，以知识应用为重心，用通俗易懂的语言对Visio绘图软件进行详细阐述。全书共10章，主要介绍Visio的发展历史、应用特点、基础操作、形状和文本的使用、图像和图表的使用、图部件和文本对象的使用、主题和样式的使用、Visio数据的使用、基本图表的使用、与其他软件的协同使用等内容。书中给出并详细讲解大量贴近实际的应用案例，同时加入大量的小提示，帮助读者全面、深入地对Visio的使用方法和技巧进行学习。

本书共有 **43** 个实操案例，讲解一步一图，即学即用。同时附赠 **90** 分钟同步视频课，扫码即看。2021年上市后便多次加印，现被几十所院校作为指定教程。

定价：69.80 元　书号：ISBN 978-7-302-58354-7

附赠
- 实例文件
- 学习视频
- PPT 课件
- 教学教案
- QQ 群技术支持

章节内容
1. 全面了解Visio软件
2. Visio入门操作
3. 形状功能的应用
4. 文本的使用
5. 图片和图表功能的应用
6. 图部件和文本对象功能的应用
7. 主题和样式功能的应用
8. Visio数据功能的应用
9. 块图与基本图表功能的应用
10. 办公协同应用

2024 BOOK EXPLORER

附赠
- 实例文件
- 学习视频
- PPT 课件
- 教学教案
- QQ 群技术支持

定价：69.80 元　书号：ISBN 978-7-302-58411-7

章节内容
1. 全面认识电脑
2. 电脑的组装与检测
3. Windows 10 的基本操作
4. 操作系统个性化设置
5. 文件与文件夹的管理
6. 系统自带工具的使用
7. 电脑网络及连接上网
8. 上网必备的软件
9. 电脑的管理及优化
10. 电脑的日常维护
11. 日常办公从 Word 开始
12. 数据管家—Excel 电子表格
13. PPT 演示文稿的应用

附赠
- 实例文件
- 学习视频
- PPT 课件
- 教学教案
- QQ 群技术支持

定价：59.80 元　书号：ISBN 978-7-302-57598-6

章节内容
1. 电脑软件概述
2. 电脑硬件检测软件
3. 电脑常用安全软件
4. 电脑管理优化软件
5. 硬盘管理优化软件
6. 文件管理软件
7. 网络应用软件
8. 图片浏览及处理软件
9. 多媒体软件
10. 电脑办公软件
11. 操作系统安装软件
12. 电脑及手机虚拟化软件

附赠
- 实例文件
- 学习视频
- PPT 课件
- 教学教案
- QQ 群技术支持

定价：59.80 元　书号：ISBN 978-7-302-58116-1

章节内容
1. 计算机网络基础
2. 物理层
3. 数据链路层
4. 网络层
5. 传输层
6. 应用层
7. 无线网络技术
8. 小型局域网的组建
9. 大中型企业局域网的组建
10. 常用网络服务的搭建
11. 计算机网络安全与管理

附赠
- 实例文件
- 学习视频
- PPT 课件
- 教学教案
- QQ 群技术支持

定价：69.80 元　书号：ISBN 978-7-302-64469-9

章节内容
1. 局域网概述
2. 局域网基础技术
3. 局域网网络设备
4. 无线局域网的组建
5. 局域网规划与施工
6. 局域网设备的配置
7. 网络服务的搭建
8. 局域网安全防范
9. 局域网的管理与维护

清华电脑学堂标准教程系列图书

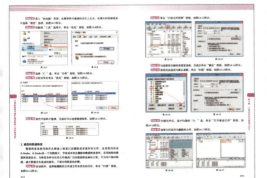

计算机组装与维护标准教程

印次 1-6

附赠
- 实例文件
- 学习视频
- PPT 课件
- 教学教案
- QQ 群技术支持

定价：59.80元　　**书号：ISBN 978-7-302-58242-7**

章节内容

1. 全面认识计算机
2. 计算机组装轻松学
3. 计算机的大脑——CPU
4. 计算机的身体——主板
5. 计算机的中转站——内存
6. 计算机的仓库——硬盘
7. 计算机的俏脸——显卡和显示器
8. 计算机的心脏和骨骼——电源和机箱
9. 计算机的嘴巴——声卡和音箱
10. 计算机的外交官——其他常见外设
11. 操作系统的安装和备份
12. 计算机软件故障检测及排除
13. 计算机硬件故障检测及维修
14. 计算机系统的管理与优化

内容简介

本书用浅显易懂的语言详细介绍计算机的硬件组成、系统安装、故障检测与维修、网络组建、系统管理与优化等知识。

全书共14章，内容依次为计算机总括、计算机内部组件介绍、计算机外部组件介绍、操作系统安装和备份、计算机软件故障和排除、计算机硬件故障检测和维修、计算机系统管理与优化等。书中除了详细介绍相关知识的概念及实操外，还穿插了"知识点拨""注意事项""动手练"等板块，对难点和重点做更详细的补充说明。书中所介绍的产品和技术紧跟前沿科技，紧贴实际需要。此外每章最后还安排了"知识延伸"板块，让读者开阔视野，达到举一反三的目的。

本书结构严谨，详略得当，全程图解，重在实操，即学即用。不仅可作为计算机入门读者、计算机爱好者、运维人员的参考工具书，还可作为各大中专院校及计算机培训机构的教学用书。

内容简介

　　Audition是一款专业的音频编辑软件，被广泛用于音频后期制作，包括音频混音、剪切、修复、录制和处理。它具备强大的多轨录音和混音能力，用户可以同时录制多个音轨，实现多种音频资源的叠加和交叉混合。本书用通俗易懂的语言、翔实生动的案例、精心挑选的技能，对这款主流的音频处理软件进行详细讲解。全书内容涵盖音频编辑基础、Audition界面及基本操作、音频文件的录制、音频编辑、噪音处理、效果器的应用、多轨编辑与素材剪辑、混音效果和输出音频等。本书案例讲解详细，一步一图，即学即用，非常适合零基础的读者阅读与学习。

附赠
- 实例文件
- 学习视频
- PPT 课件
- 教学教案
- QQ 群技术支持

定价：79.80 元　　书号：ISBN 978-7-302-61516-3

章节内容
1. 音频知识学习准备
2. Audition入门基础
3. 工作区与显示控制
4. 音频的录制
5. 音频的编辑
6. 噪声的处理
7. 效果器的应用
8. 多轨会话
9. 后期混音及输出

影视后期剪辑三剑客
（Premiere + Audition + After Effects）

附赠
- 实例文件
- 学习视频
- PPT 课件
- 教学教案
- QQ 群技术支持

定价：79.80 元　　书号：ISBN 978-7-302-60903-2

章节内容
1. Premiere学习入门
2. 视频剪辑基本操作
3. 文字效果的制作
4. 视频过渡效果的应用
5. 视频效果的应用
6. 音频效果的制作
7. 项目输出
8. 制作动态相册
9. 制作影片片头
10. 制作影片片尾

附赠
- 实例文件
- 学习视频
- PPT 课件
- 教学教案
- QQ 群技术支持

定价：79.80 元　　书号：ISBN 978-7-302-61323-7

章节内容
1. After Effects基础入门
2. 项目与合成
3. 图层与关键帧
4. 蒙版与形状
5. 文字动画
6. 调色滤镜的应用
7. 常用视频特效的应用
8. 仿真粒子特效的应用
9. 光线特效的应用
10. 抠像与跟踪技术

清华电脑学堂标准教程系列图书

手机短视频制作标准教程
（全彩微课版）

即将出版

附赠
- 实例文件
- 学习视频
- PPT 课件
- 教学教案
- QQ 群技术支持

定价：　　元　　书号：ISBN 978-7-302-

章节内容
1. 手机短视频入门必会
2. 短视频拍摄与剪辑的基本技法
3. 短视频剪辑主流工具——剪映APP
4. 素材的基本处理方法
5. 字幕的处理方法
6. 音频素材的处理方法
7. 特效与转场的处理方法
8. 画面的优化方式
9. 短视频的导出与发布
10. 使用其他热门剪辑工具

剪映短视频剪辑与运营标准教程
（全彩微课版）

即将出版

附赠
- 实例文件
- 学习视频
- PPT 课件
- 教学教案
- QQ 群技术支持

定价：　　元　　书号：ISBN 978-7-302-

章节内容
1. 剪辑，新手必学知识
2. 会拍摄，才能获取好素材
3. 剪映，短视频首选工具
4. 字幕，让视频更专业
5. 配乐，让视频更活力
6. 转场特效，让视频更酷炫
7. 滤镜美颜，让画面更出彩
8. 视频发布，与他人共分享
9. 运营推广，实现视频价值

网店美工视觉设计标准教程
（全彩微课版）

即将出版

附赠
- 实例文件
- 学习视频
- PPT 课件
- 教学教案
- QQ 群技术支持

定价：　　元　　书号：ISBN 978-7-302-

章节内容
1. 网店美工入门基础
2. 商品图片的采集与发布
3. 商品图片的后期处理
4. 网店视频的拍摄与制作
5. 店铺营销推广图的设计
6. 商品详情页设计
7. 店铺首页的设计
8. H5场景页面设计

UI 设计基础与应用标准教程
（全彩微课版）

即将出版

附赠
- 实例文件
- 学习视频
- PPT 课件
- 教学教案
- QQ 群技术支持

定价：　　元　　书号：ISBN 978-7-302-

章节内容
1. UI设计学习入门
2. 图标设计
3. 控件设计
4. 动效设计
5. App界面设计
6. 网页界面设计
7. 软件界面设计
8. 界面的标注与切图
9. 综合实战案例

附赠
- 实例文件
- 学习视频
- PPT 课件
- 教学教案
- QQ 群技术支持

定价：59.80 元　书号：ISBN 978-7-302-63480-5

章节内容
1. 几何画板基础知识
2. 绘制与构造图形
3. 编辑与变换图形
4. 度量与数据
5. 几何画板操作类按钮
6. 绘制平面图形
7. 绘制立体图形
8. 绘制函数曲线
9. 综合实战案例

内容简介

本书以几何画板为写作基础，以实际应用为指导思想，用通俗易懂的语言对几何画板的应用知识进行详细讲解。

全书共9章，内容涵盖几何画板基础知识、绘制与构造图形、编辑与变换图形、度量与数据、几何画板操作类按钮、绘制平面图形、绘制立体图形、绘制函数曲线、几何画板的综合应用等。重要章节穿插"动手练""案例实战""新手答疑"等板块。

全书案例讲解详细，一步一图，即学即用。同时还附赠了116分钟学习视频，扫码即看。本书不仅适合教师、教育类博主等阅读使用，还适合作为相关培训机构的参考教材。本书现已被多所院校作为指定教材。

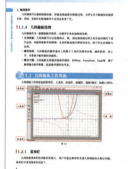
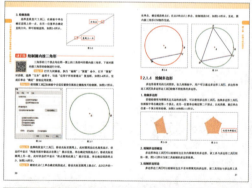
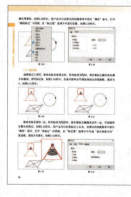

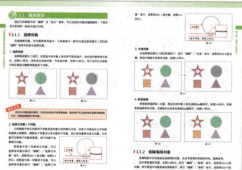

清华电脑学堂标准教程系列图书

附赠
- 实例文件
- 学习视频
- PPT 课件
- 教学教案
- QQ 群技术支持
- 上机指导手册

定价：69.80 元　　书号：ISBN 978-7-302-64498-9

章节内容
1. 数据库的基础知识
2. Access的基本操作
3. 表的构建
4. 查询的创建
5. 窗体的设计
6. 报表的设计
7. 宏的自动化操作
8. 数据库文件的管理
9. Access数据库应用上机指导

内容简介

本书以理论为基础，以应用为导向，用大量的实例对Access数据库的应用进行全面讲解。全书共8章，主要内容包括数据库的基础知识、Access的基本操作、表的构建、查询的创建、窗体的设计、报表的设计、宏的自动化操作，以及数据库文件的管理。知识点覆盖《全国计算机等级考试二级Access数据库程序设计》考试大纲规定的内容。在介绍Access操作方法的同时，安排大量的"动手练"案例，并且穿插"知识延伸"小体例，理论基础加实践练习，更利于读者对知识的掌握和吸收。

本书内容讲解通俗易懂、案例选择贴合实际，图文并茂、易教易学，具有很强的指导性和可操作性，适合作为高等院校相关专业的教学用书，也适合作为数据管理、信息系统管理、销售、人力、财务等工作人员的参考用书，还可以作为数据库爱好者的学习用书。

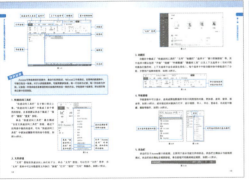
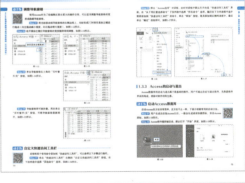
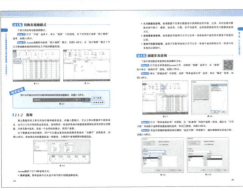

SPSS统计分析标准教程

附赠
- 实例文件
- 学习视频
- PPT 课件
- 教学教案
- QQ 群技术支持

定价：59.80 元　　**书号：ISBN 978-7-302-63005-0**

章节内容
1. SPSS基础知识
2. 建立与整理数据
3. SPSS基本统计分析
4. 假设检验
5. 非参数检验
6. 方差分析
7. 相关分析
8. 回归分析
9. 聚类和判别分析
10. 统计图形
11. SPSS数据分析综合应用

内容简介

本书以SPSS 28.0中文版为平台，以实用为原则，由浅入深，全面系统地介绍SPSS的基本功能和实际应用方法。本书涉及面广，从SPSS基本操作开始介绍，覆盖大部分常用功能和高级统计分析方法。

本书共11章，内容包括SPSS基础知识、建立与整理数据、SPSS基本统计分析、假设检验、非参数检验、方差分析、相关分析、回归分析、聚类和判别分析、统计图形和SPSS数据分析综合应用。在介绍的过程中，图文并茂地对知识进行了全面剖析。针对性的案例详解，方便读者举一反三。

本书内容丰富、结构清晰、语言通俗、案例实用、可操作性强，适合SPSS初学者使用，也适合有一定统计基础的人员阅读，还适合作为高等院校相关专业的教材。

内容简介

全书以Power BI的应用为主导，Excel数据整理和分析为辅助，对数据处理与可视化分析进行全面讲解。全书共8章，以用户熟悉的Excel作为出发点，逐渐过渡到Power BI的知识范畴。本书注重理论与实践相结合，大量的"动手练"环节为读者提供实操练习的机会，以便更好地掌握操作要领，加深学习的印象。每章最后安排"新手答疑"板块，总结新手在学习过程中经常会遇到的问题，并予以解答。

本书结构完整清晰、内容循序渐进、语言通俗易懂，排版美观大方。不仅适合Excel及Power BI入门和进阶读者阅读使用，也适合高等院校相关专业的师生学习使用，还适合数据分析相关岗位的从业者自学使用。

Excel 与 Power BI 数据分析与可视化标准教程（实战微课版）

即将出版

附赠
- 实例文件
- 学习视频
- PPT 课件
- 教学教案
- QQ 群技术支持

定价：　　元　　书号：ISBN 978-7-302-

章节内容
1. 数据分析知识准备
2. 数据源的处理和分析
3. 数据的统计与计算
4. Power BI入门知识
5. 在Power BI中清洗数据源
6. Power BI数据建模和新建计算
7. 创建可视化报表
8. 分析可视化对象

清华电脑学堂标准教程系列图书

附赠
- 实例文件
- 学习视频
- PPT 课件
- 教学教案
- QQ 群技术支持

定价：59.80 元　　书号：ISBN 978-7-302-63004-3

章节内容
1. 微课概述
2. 微课教学设计策划
3. PowerPoint课件制作攻略
4. 课件的放映与录制
5. 几何画板攻略
6. 典型的思维导图制作工具
7. 好用的图片处理工具
8. 微课视频录制工具
9. 音频/视频剪辑工具
10. 热门App在微课制作中的应用

内容简介

本书内容围绕微课制作展开，以实用高效为写作目的，用通俗易懂的语言对微课设计与制作的相关知识进行详细介绍。

全书共10章，内容涵盖微课概述、微课教学设计策划、PowerPoint课件制作攻略、课件的放映与录制、几何画板攻略、典型的思维导图制作工具、好用的图片处理工具、微课视频录制工具、音频/视频剪辑工具、热门App在微课制作中的应用等。重点内容穿插"动手练""案例实战""新手答疑"板块。

全书结构编排合理，所选案例贴合微课制作实际需求，可操作性强。案例讲解详细，一步一图，即学即用。本书不仅适合教师、教育类博主等人员使用，还适合作为相关培训机构的参考教材。

内容简介

本书以实用、够用为创作原则，以普及计算机使用方法为指导思想，在主流Windows 10操作系统的基础上，用通俗易懂的语言对计算机的基础知识及基本应用进行详细阐述。

全书共9章，包括计算机的发展历史、系统组成、硬件设备、Windows 10的基本操作、个性化设置、文件与文件夹的管理、系统自带工具的使用、三大办公组件的使用、多媒体技术的应用、计算机网络与信息安全、网络新技术等。除了详细的说明与操作外，还穿插"知识点拨""注意事项""动手练"等版块，以便读者全面了解计算机的应用。

全书安排了 **48** 个动手实操练习，附赠了 **51** 节同步学习视频，以实现学以致用、举一反三。

附赠
- 实例文件
- 学习视频
- PPT 课件
- 教学教案
- QQ 群技术支持

定价：69.80 元　　书号：ISBN 978-7-302-64238-1

章节内容
1. 计算机基础知识
2. 计算机硬件组成
3. 计算机操作系统
4. Word文档的日常处理
5. Excel电子表格的处理
6. PowerPoint演示文稿的处理
7. 多媒体技术的应用
8. 计算机网络与信息安全
9. 网络新技术

附赠
- 实例文件
- 学习视频
- PPT 课件
- 教学教案
- QQ 群技术支持

定价：69.80 元　　书号：ISBN 978-7-302-65244-1

章节内容
1. 计算机基础知识
2. 计算机系统的组成
3. 体验 Windows 10 操作系统
4. WPS 文字的应用
5. WPS 表格的应用
6. WPS 演示的应用
7. 计算机网络与 Internet 应用
8. 计算机安全与管理

内容简介

本书以实用、够用为写作原则，围绕计算机基础知识及其应用方法展开讲解。全书共8章，主要内容包括计算机基础知识、计算机系统的组成、体验Windows 10 操作系统、WPS文字的应用、WPS表格的应用、WPS演示的应用、计算机网络与Internet应用、计算机安全与管理等，知识点全面覆盖全国计算机等级考试一级WPS Office考试大纲规定的内容。在讲解计算机基础知识时，书中安排大量的"动手练"案例，并且穿插"知识点拨""注意事项"等小模块，让读者既能学会理论知识，又能熟练操作，真正做到授人以渔。

本书内容讲解通俗易懂、案例选择贴合实际，图文并茂、易教易学，具有很强的指导性和可操作性。全书安排了**91**个动手练，附赠了**61**节同步学习视频，常用办公模板**2000**个，Office专题视频100集。

内容简介

本书以理论为基础，以应用为导向，用大量的实例对WPS文字处理、电子表格、演示文档三大板块进行全面讲解。全书共12章，主要内容包括WPS综合应用基础、PDF文件的查看及处理、常规文档的创建和编辑、长文档的高效编排、文档的校对与批量处理、WPS制表入门操作、公式与函数的应用、图形和图表的应用、对数据进行处理与分析、基本演示文稿的创建、动态交互式演示文稿的创建、演示文稿的放映与输出等。知识点全面覆盖《全国计算机等级考试二级WPS Office高级应用与设计》考试大纲规定的内容。

书中在讲解WPS基础知识时，安排大量的"动手练"案例，以及"新手答疑"板块，让读者既能学会理论知识又能熟练操作，真正做到授人以渔。

全书安排**129**个动手练，附赠**80**节学习视频，以做到边学边练，高效学习。

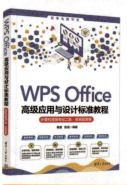

附赠
- 实例文件
- 学习视频
- PPT 课件
- 教学教案
- QQ 群技术支持

定价：69.80 元　　书号：ISBN 978-7-302-64239-8

章节内容
1. WPS综合应用基础
2. PDF文件的查看及处理
3. 常规文档的创建和编辑
4. 长文档的高效编排
5. 文档的校对与批量处理
6. WPS制表入门操作
7. 公式与函数的应用
8. 图形和图表的应用
9. 对数据进行处理与分析
10. 基本演示文稿的创建
11. 动态交互式演示文稿的创建
12. 演示文稿的放映与输出

QA 新手答疑

1. Q：想要将横排文字改成竖排文字，该怎么操作？

　　A：选中横排文本框，在"开始"选项卡中单击"文字方向"下拉按钮，在弹出的列表中选择"竖排"选项，然后调整文本框的大小即可，如图4-86所示。

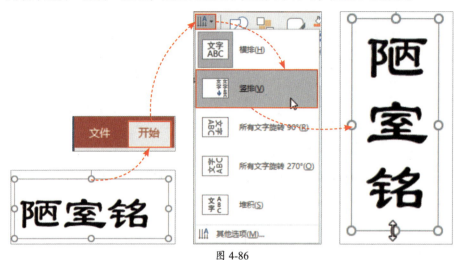

图 4-86

2. Q：对设置的字体格式不满意，能不能快速返回到最初效果，重新设置？

　　A：可以。选中文本框，在"开始"选项卡中单击"清除所有格式"按钮即可，如图4-87所示。

图 4-87

3. Q：使用 PowerPoint 软件可以为段落分栏显示吗？

　　A：可以。选中段落文本框，在"开始"选项卡中单击"分栏"下拉按钮，在弹出的列表中选择"更多栏"选项，在打开的对话框中设置分栏数量和间隔距离，单击"确定"按钮即可，如图4-88所示。

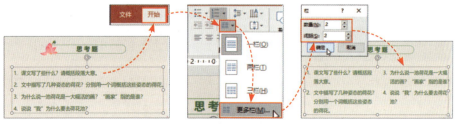

图 4-88

4. Q：如何批量选择 PowerPoint 中的元素？

　　A： 在PowerPoint中可以使用鼠标拖曳的方式进行框选，如图4-89所示，也可以将光标移动到目标附近，当光标变成十字形状时按住Ctrl键不放并单击，可以选择多个需要选择的元素，如图4-90所示。

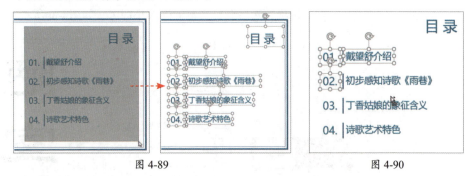

图 4-89　　　　　　　　　　　　　　　图 4-90

5. Q：文本框会随着文字的输入变大，有没有简单的方法可以根据文本框的大小自动调整字体呢？

　　A： 有。在需要固定大小的文本框上右击，在弹出的快捷菜单中选择"设置形状格式"选项，在右侧"设置形状格式"窗格的"大小与属性"选项卡中单击"文本框"下拉按钮，在弹出的列表中单击"溢出时缩排文字"单选按钮，如图4-91所示。再输入内容时文字会缩小字号以适应固定的文本框大小。

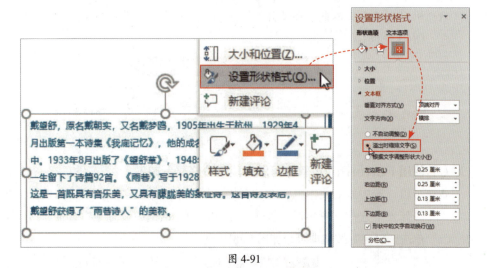

图 4-91

第5章
图形/图片/表格在课件中的应用

课件中只有文字没有图片,学生自主阅读时会比较累;相反如果只有图片没有文字,阅读起来就会产生很多歧义,所以图文并茂的课件才最受欢迎。第4章已介绍了文字在课件中的应用,本章将着重介绍图形、图片及表格功能的应用。涉及的知识点包括图形的插入与编辑、图片的插入与美化、表格及图表的插入与美化。

5.1 在课件中添加图形

图形的可塑性非常强,通过编辑,可以变换出各种不同的形状,例如在数学课件中,一些简单的几何图形就可以利用图形功能来绘制,下面介绍图形的绘制与编辑操作方法。

5.1.1 插入图形

在PowerPoint中预设了多种图形,例如线条、矩形、基本图形、箭头、公式形状等。用户可以根据需求插入图形,具体插入方法为,在"插入"选项卡中单击"形状"下拉按钮,在弹出的列表中选择所需图形(这里选择"平行四边形"选项),如图5-1所示。在页面中拖曳鼠标即可绘制该图形,如图5-2所示。

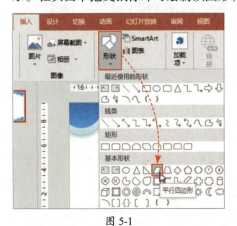

图 5-1

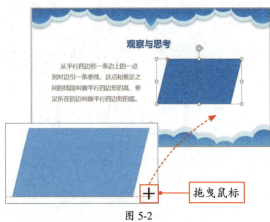

图 5-2

将光标移至图形上方圆点处,按住左键不放并拖动光标可对该图形进行微调,如图5-3所示。

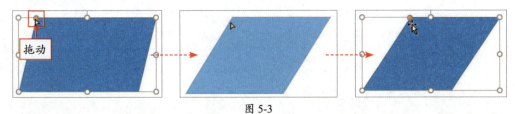

图 5-3

注意事项 在"形状"列表中部分图形是不显示控制点的,例如直线系列、矩形、直角三角形、五边形、流程图系列等。想要调整这类图形,可通过"编辑顶点"命令来调整,其具体操作在以下内容中会详细介绍。

5.1.2 对图形进行编辑与美化

图形绘制完成后,如果对当前图形不满意,可对其进行编辑与美化,使图形更符合用户需求。

1. 基本编辑操作

选择图形，将光标移至图形上方 按钮，拖动此按钮可旋转图形，如图5-4所示。

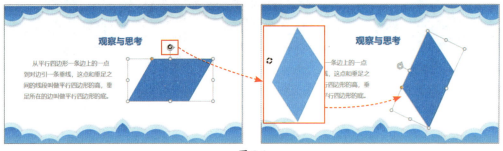

图 5-4

将光标移至图形的右下角控制点上，按住Shift键并拖动该控制点至合适位置，可等比例调整图形的大小，如图5-5所示。

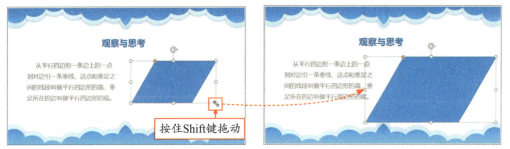

图 5-5

如果想要快速更换图形，可选择目标图形，在"绘图工具-格式"选项卡中单击"编辑形状"下拉按钮，在弹出的列表中选择"更改形状"选项，在其级联菜单中选择新形状即可，如图5-6所示。

图 5-6

在创建一组图形后，如果想要快速选择一组图形，则需要对该组图形进行组合操作。具体操作方法为，选择所有图形，在"绘图工具-格式"选项卡中单击"组合"按钮，在弹出的列表中选择"组合"选项即可组合图形，如图5-7所示。

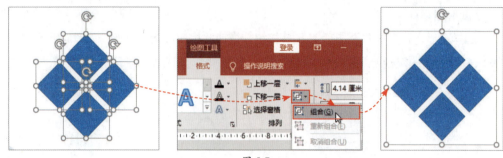

图 5-7

知识点拨

如果想要取消图形的组合,选中组合的图形,在"组合"列表中选择"取消组合"选项即可。

默认情况下创建的图形会以创建的先后顺序进行叠放操作。如果需要对图形的叠放顺序进行调整,右击所选图形(黄色图形),在弹出的快捷菜单中选择"置于顶层"或"置于底层"选项即可,如图5-8所示。

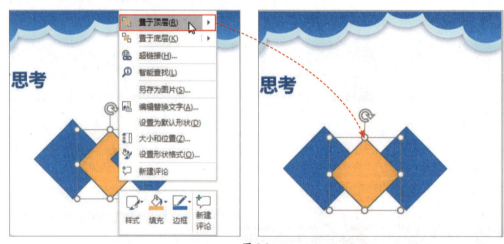

图 5-8

2. 高级编辑操作

在软件预设列表中,若没有合适的图形,可先插入一个基本图形,然后再利用"编辑顶点"或"合并形状"这两个编辑功能进行二次加工,下面分别对其操作方法进行介绍。

(1)编辑顶点。

选择图形,在"绘图工具-格式"选项卡中单击"编辑形状"下拉按钮,在弹出的列表中选择"编辑顶点"选项,此时被选择的图形四周会显示可编辑的顶点,如图5-9所示。选择任意顶点并拖动其手柄至合适位置,放开手柄即可调整图形的轮廓,如图5-10所示。

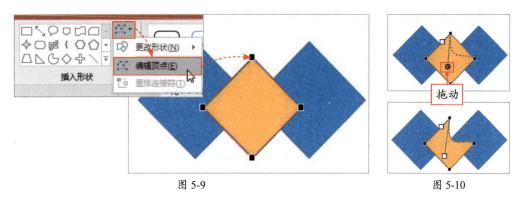

图 5-9　　　　　　　　　　　　　图 5-10

在编辑过程中，右击顶点，在弹出的快捷菜单中可以对当前顶点执行删除、平滑等操作，如图5-11所示的是平滑顶点。如果想要添加顶点，在轮廓线上指定顶点的位置右击，在弹出的快捷菜单中选择"添加顶点"选项即可，如图5-12所示。

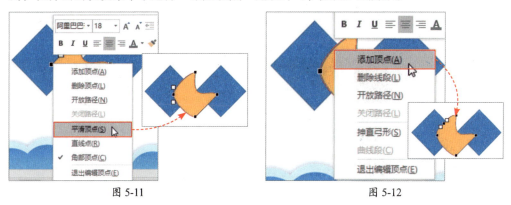

图 5-11　　　　　　　　　　　　　图 5-12

（2）合并形状。

合并形状功能也可以称为布尔运算，由五部分组成，分别为结合、组合、拆分、相交及剪除。用户可以利用这些命令将多个图形重新合并后形成单个新图形。具体操作方法为，选择多个图形，在"绘图工具-格式"选项卡中单击"合并图形"下拉按钮，在弹出的列表中根据需要选择合并选项即可，5种合并效果如图5-13所示。

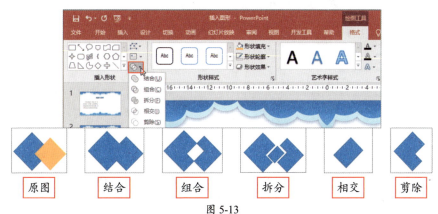

图 5-13

- **结合**：该命令是将多个形状合并为一个新的形状，其颜色取决于先选图形的颜色。如图5-13所示中的"结合"是蓝色，说明在选择时先选蓝色菱形，后选黄色菱形。如果先选黄色菱形再选蓝色菱形，结合后其颜色为黄色。
- **组合**：该命令与"结合"命令相似，区别在于两个图形重叠的部分会镂空显示。
- **拆分**：该命令是将多个形状进行分解，而所有重合的部分都会变成独立的形状。
- **相交**：该命令只保留两个形状之间重叠的部分。
- **剪除**：该命令是用先选形状减去后选形状的重叠部分，通常用来做镂空效果。

3. 基本美化操作

在PowerPoint中用户还可以对形状进行必要的美化操作，例如设置图形的颜色、图形的轮廓样式及图形的效果。具体操作方法为，选择要设置的图形，在"绘图工具-格式"选项卡中单击"形状填充"下拉按钮，在弹出的列表中可以对图形的颜色进行设置，如图5-14所示。单击"形状轮廓"下拉按钮，可在弹出的列表中对图形的轮廓样式进行设置，如图5-15所示。

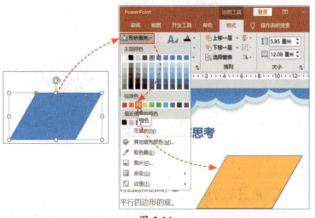

图 5-14

图 5-15

单击"形状效果"下拉按钮，在弹出的列表中可以为当前图形添加阴影、映像、发光、柔滑边缘、棱台、三维旋转效果，如图5-16所示。

图 5-16

知识点拨

在设置形状填充时，除了可以设置图形的填充颜色外，还可为图形填充图片，其设置方法为：选择图形，在"形状填充"下拉列表中选择"图片"选项，在打开的"插入图片"对话框中选择图片，单击"插入"按钮即可，如图5-17所示。

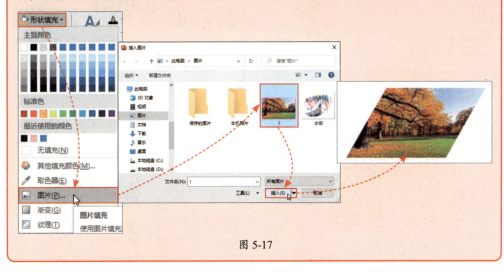

图 5-17

5.1.3 插入流程图

在课件中经常会利用结构框架图来提炼课本中的相关知识点，以帮助学生理解各知识点之间的关系，如图5-18所示。像这类结构图该如何制作呢？下面介绍具体的绘制方法。

扫码看视频

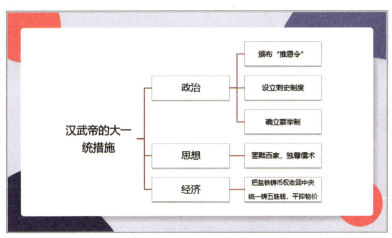

图 5-18

在"插入"选项卡中单击"SmartArt"按钮，在"选择SmartArt图形"对话框中选择"层次结构"选项，在列表中选择合适的样式，单击"确定"按钮，即可绘制SmartArt图形，如图5-19所示。

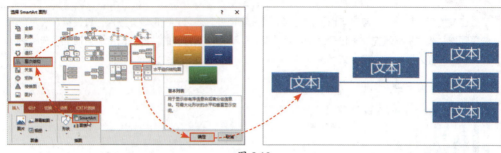

图 5-19

单击图形中的"[文本]"字样即可输入文字内容。如要删除多余的图形,将其选中按Delete键即可,然后继续输入文本内容,如图5-20所示。

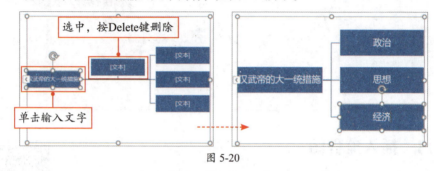

图 5-20

选择"政治"图形,在"SmartArt工具-设计"选项卡中单击"添加形状"下拉按钮,在弹出的列表中选择"在下方添加形状"选项,此时在"政治"图形后方会添加新形状,右击该形状,在弹出的快捷菜单中选择"编辑文字"选项,即可在此输入文字内容,如图5-21所示。

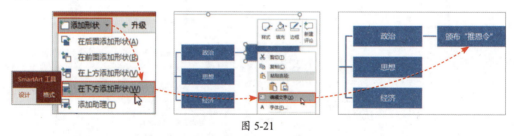

图 5-21

选择新添加的图形(颁布"推恩令"),在"添加形状"下拉列表中选择"在后面添加形状"选项,此时在新图形下方添加新图形并输入文字内容,如图5-22所示。

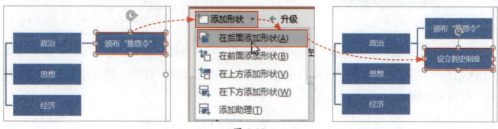

图 5-22

按照以上添加图形的方法完成该结构框架内容的制作,结果如图5-23所示。

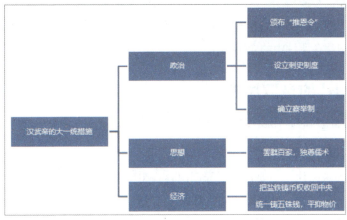

图 5-23

5.1.4 美化流程图

结构图形创建完成后,接下来需要对其图形进行美化操作,例如更改颜色、更改样式等。选择制作好的结构图形,在"SmartArt工具-设计"选项卡中单击"更改颜色"下拉按钮,在弹出的列表中选择一种满意的颜色,即可更换当前结构图的颜色,如图5-24所示。在"SmartArt工具"列表中选择一种满意的样式,可对结构图的样式进行设置,如图5-25所示。选择结构图中某一项文字内容(汉武帝的大一统措施),在"开始"选项卡的"字体"选项组中,可对其文字格式进行设置,如图5-26所示。

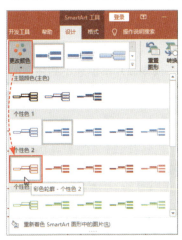

图 5-24

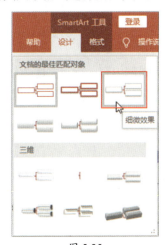

图 5-25

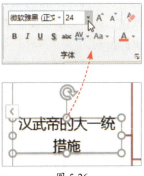

图 5-26

知识点拨

如果需要对结构图中某个单独图形样式进行设置,则选择该图形,在"SmartArt工具-格式"选项卡的"形状样式"选项组中进行调整即可。

5.2 在课件中添加图片

在课件中，图片对文字内容有补充说明的作用，同时也能丰富页面内容，美化页面效果，下面介绍图片在课件中的应用操作。

5.2.1 图片的选取原则

用户在选择图片时，需要注意以下两点。

1. 图片必须与课件内容相符

在页面中插入图片，主要是为了强调内容，突出重点。如果仅仅是为了页面版式美观而随意插入一张图片，这张图片则无意义。

图片与文字相比，观众首先会注意到图片，然后再阅读文字。如果放入一张与内容不相干的图片，会打断观众的思路，如图5-27所示的两张对比图，当前内容主要以赏荷为主，很明显前者所用的图就不合适。

图 5-27

2. 选择分辨率高的图片

以上内容介绍了图片具有强调内容、突出主题的作用。模糊图片不但起不到强调的作用，还会影响页面的整体效果，如图5-28所示的两张对比图，后者整体页面效果比前者好很多。

图 5-28

5.2.2　插入图片的方法

在PowerPoint软件中插入图片的方法有两种，一种是插入本机图片，另一种是插入屏幕截图，下面对这两种操作方法进行简单介绍。

1. 插入本机图片

将计算机中保存的图片直接拖入页面中即可，如图5-29所示。

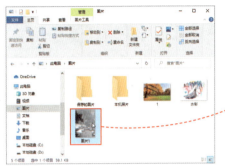

图 5-29

此外，在"插入"选项卡中单击"图片"下拉按钮，在弹出的列表中选择"此设备"选项，在"插入图片"对话框中选择要插入的图片，单击"插入"按钮，同样可以完成图片的插入操作，如图5-30所示。

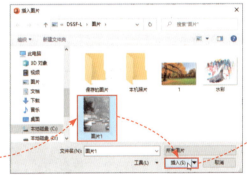
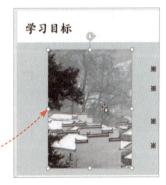

图 5-30

2. 插入屏幕截图

在网页中找到比较合适的图片后，用户可以使用PowerPoint软件中的"屏幕截图"功能来插入图片，具体操作方法为，在"插入"选项卡中单击"屏幕截图"下拉按钮，在弹出的列表中选择"屏幕剪辑"选项。此时，PowerPoint软件将自动最小化并将桌面屏幕半透明化显示，使用鼠标拖曳的方法截取图片范围，然后被截取的图片将自动插入页面中，如图5-31所示。

图 5-31

5.2.3 图片处理的技巧

图片插入后，通常需要对图片的大小、效果进行一番设置才可以，下面介绍具体的操作方法。

1. 裁剪图片

选择图片，在"图片工具-格式"选项卡中单击"裁剪"按钮，此时图片四周会出现裁剪控制点，选择任意一个控制点并按住左键不放向内拖至合适位置，单击图片外任意一点即可完成裁剪操作，如图5-32所示。

图 5-32

2. 调整图片色调及对比度

如果图片的整体效果比较灰暗，可以使用"调整"选项组中的相关命令进行调整。选择图片，在"图片工具-格式"选项卡中单击"校正"下拉按钮，在弹出的列表中可以调整图片的亮度及对比度，如图5-33所示。

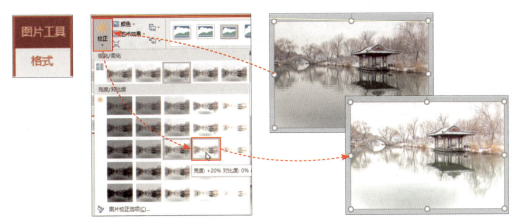

图 5-33

单击"颜色"下拉按钮,在弹出的列表中可以调整图片的色调、饱和度及为图片重新着色,图5-34所示是调整图片的色调效果。

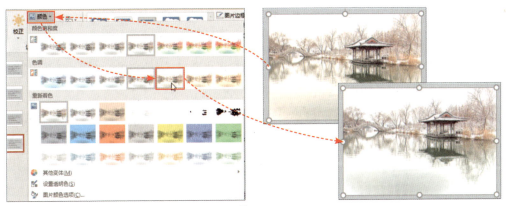

图 5-34

单击"艺术效果"下拉按钮,在弹出的列表中可以为当前图片设置艺术效果,图5-35所示是画图刷效果。

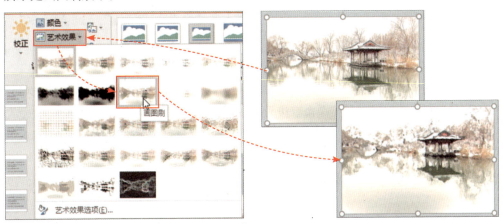

图 5-35

3. 设置图片外观样式

图片插入后，用户可为图片添加边框或其他特殊效果。选择图片，在"图片工具-格式"选项卡的"图片样式"列表中选择一种预设的样式即可，如图5-36所示。

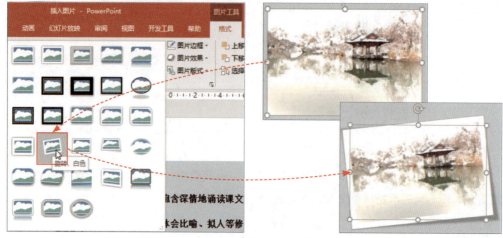

图 5-36

如果预设样式列表中没有合适的样式，用户还可通过"图片边框""图片效果""图片版式"命令来自定义样式，如图5-37所示。

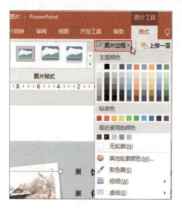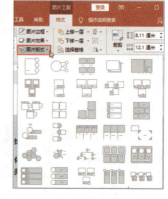

图 5-37

4. 删除图片背景

在PowerPoint 2016及以上版本中，新增了"删除背景"功能，利用该功能可以对图片的背景进行删除操作。具体操作方法为，选择所需图片，在"图片工具-格式"选项卡中单击"删除背景"按钮，此时系统会自动识别图片背景区域并突出显示，如图5-38所示。用户可通过调整图片的控制点，或者在"背景消除"选项卡中通过单击"标记要保留的区域"或"标记要删除的区域"两个按钮来调整要删除的背景区域，如图5-39所示。

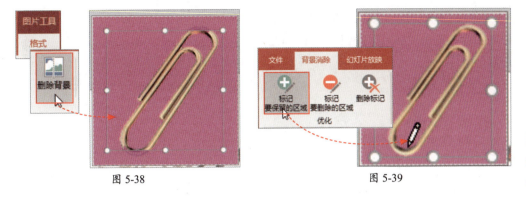

图 5-38　　　　　　　　　图 5-39

调整完成后，单击"保留更改"按钮完成背景的删除操作，如图5-40所示。

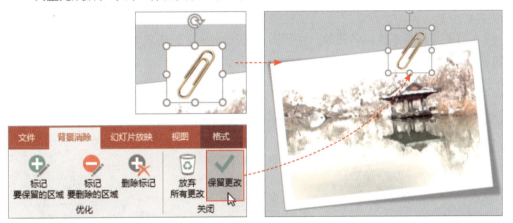

图 5-40

动手练 快速更换语文课件中的图片

设置完成图片样式后，如果发现图片不合适，需要调换其他图片时会发现一旦调换新图片后，其图片的效果或样式又要重新设置一遍。如何能在图片样式保持不变的情况下更换图片呢？下面介绍具体的操作方法。

Step 01 打开"动手练 快速更换语文课件中的图片"素材文件，选择第1张幻灯片中的图片，在"图片工具-格式"选项卡中单击"更改图片"按钮，在弹出的列表中选择"来自文件"选项，如图5-41所示。

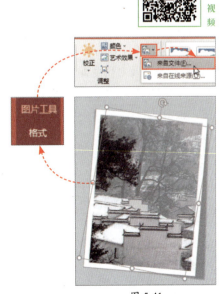

图 5-41

Step 02 在"插入图片"对话框中选择新图片，单击"插入"按钮，如图5-42所示。

图 5-42

Step 03 此时被选择的图片在不改变样式的状态下完成了图片的更换操作，如图5-43所示。

Step 04 选择更换后的图片，在"图片工具-格式"选项卡中单击"颜色"下拉按钮，在弹出的列表中选择"色温 7200K"选项，如图5-44所示。

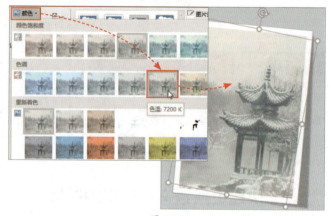

图 5-43　　　　　　　　　　　　图 5-44

Step 05 在"图片工具-格式"选项卡中单击"校正"下拉按钮，在弹出的列表中调整图片的亮度及对比度即可，如图5-45所示。

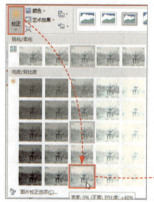

图 5-45

5.3 在课件中添加表格

表格可以将数据信息直观地表达出来,让观众能够快速获取重要信息。此外,表格还可以用于页面内容的排版,例如快速对齐文字、图片内容等。

5.3.1 插入表格的方法

在幻灯片中插入表格的方法有很多,下面介绍两种常用的插入方法。

1. 快速插入表格

在"插入"选项卡中单击"表格"下拉按钮,在弹出的列表中滑动鼠标来选择表格的行数和列数,例如插入3行4列的表格,那么向下滑动3个方格,然后再向右滑动4方格即可,如图5-46所示。

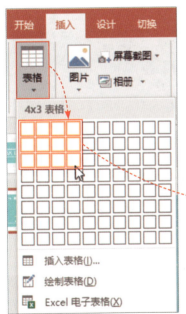
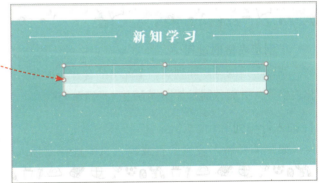

图 5-46

该方法比较方便快捷,但也有一定的局限性。利用该方法最多可以创建8行10列的表格,如果表格的行数或列数大于这个数值,则需要使用其他方法来插入。

2. 利用对话框插入表格

在"插入"选项卡中单击"表格"下拉按钮,在弹出的列表中选择"插入表格"选项,打开"插入表格"对话框,根据需要输入表格的"列数"及"行数",单击"确定"按钮即可,如图5-47所示。

插入表格后,选择表格中首个单元格即可输入文字内容。输入完成后,按键盘上的"→"或"↓"方向键即切换到下一个单元格,继续输入文字内容,如图5-48所示。

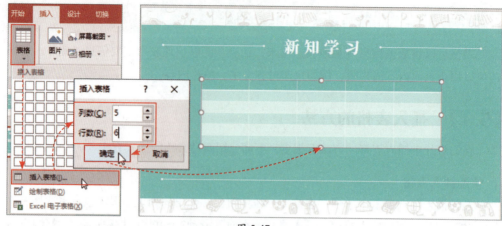

图 5-47

图 5-48

5.3.2 表格的编辑与美化

在创建表格的过程中，经常会对表格的结构与样式进行一些调整，例如插入行与列、调整合适的行高和列宽、单元格的合并与拆分、设置表格内容的对齐方式、快速美化表格等，下面分别对其操作方法进行简单介绍。

1. 插入行与列

如果需要插入表格的行或列，只需选择要插入行或列的相邻行或列中的任意单元格，在"表格工具-布局"选项卡的"行和列"选项组中，根据需要选择"在上方插入""在下方插入""在左侧插入"和"在右侧插入"这四个选项即可，如图5-49、图5-50所示。

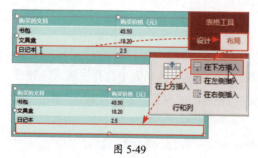

图 5-49　　　　　　　图 5-50

2. 调整行高和列宽

如果表格的行高和列宽不合适，用户可以对其进行调整。将光标放在所需行分隔线上，按住左键不放并拖动光标至合适位置，松开鼠标即可调整行高，如图5-51所示。

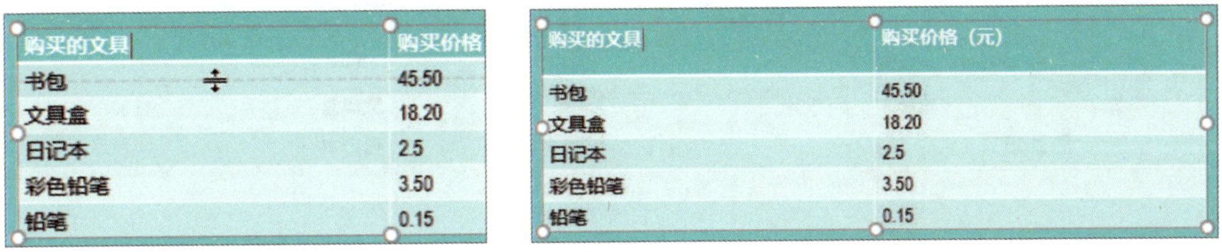

图 5-51

此外，用户也可以在"表格工具-布局"选项卡的"单元格大小"选项组中，精确地输入行高和列宽的值即可，如图5-52所示。

图 5-52

3. 合并与拆分单元格

在表格中选择多个连续的单元格，在"表格工具-布局"选项卡中单击"合并单元格"按钮，即可将被选中单元格合并，如图5-53所示。

图 5-53

相反，如果要将一个单元格拆分成多个单元格，那么先选中该单元格，在"表格工具-布局"选项卡中单击"拆分单元格"按钮，在打开的对话框中输入"列数"和"行数"，单击"确定"按钮，完成单元格的拆分操作，如图5-54所示。

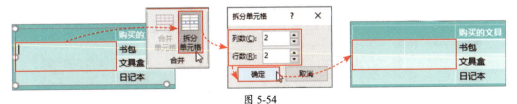

图 5-54

4. 对齐表格内容

在表格中输入文字后，文字默认左对齐显示。如果要更改其对齐方式，只需选中表格，在"表格工具-布局"选项卡中的"对齐方式"选项组中选择相应的对齐命令即可，如图5-55所示的是将文本对齐方式设置为"居中"和"垂直居中"。

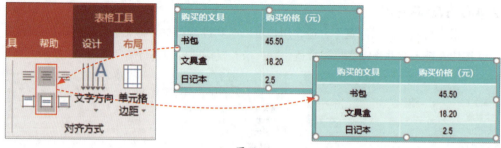

图 5-55

5 快速美化表格

在PowerPoint中预设了多种表格样式,用户直接套用这些样式,可达到快速美化的效果。具体操作方法为,选中表格,在"表格工具-设计"选项卡的"表格样式"列表中,选择一种满意的样式即可,如图5-56所示。

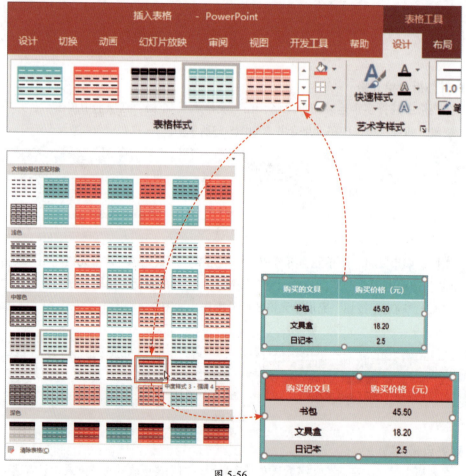

图 5-56

> **知识点拨**
>
> 如果对预设的表格样式不满意，用户还可以进行自定义设置操作。在"表格工具-设计"选项卡中先设置笔颜色（边框颜色）、笔样式（边框样式）、笔画粗细后，再选择表格的边框线即可，如图5-57所示。

图 5-57

动手练 制作语文课件目录页内容

前面介绍的内容是表格的创建与美化，下面以制作课件目录为例来介绍如何利用表格对文字内容进行排版。

Step 01 打开"动手练 制作语文课件目录页内容"素材文件，选择第1张幻灯片，在"插入"选项卡中单击"表格"下拉按钮，在弹出的列表中快速创建一个3行4列的表格，如图5-58所示。

图 5-58

Step 02 选中表格，在"表格工具-设计"选项卡中的"表格样式"列表中选择"无样式，网格型"样式，将表格设置为简单样式，如图5-59所示。

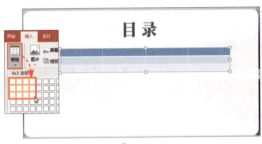

图 5-59

Step 03 输入表格内容并调整文字格式，如图5-60所示。

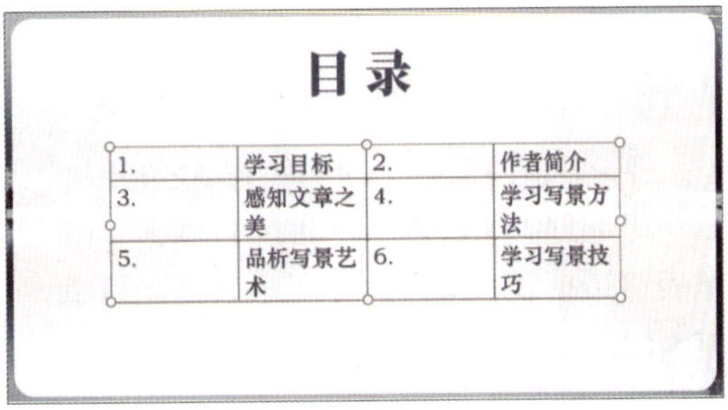

图 5-60

Step 04 拖曳列和行的分隔线，调整表格的列宽和行高，如图5-61所示。

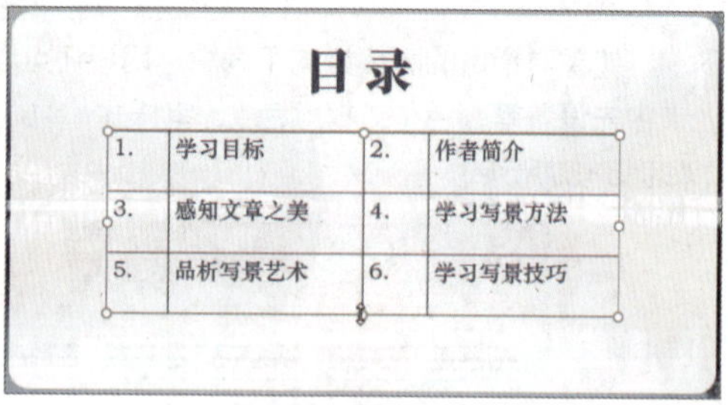

图 5-61

Step 05 选择表格，在"表格工具-布局"选项卡中单击"垂直居中"按钮，将文字内容垂直居中对齐，如图5-62所示。

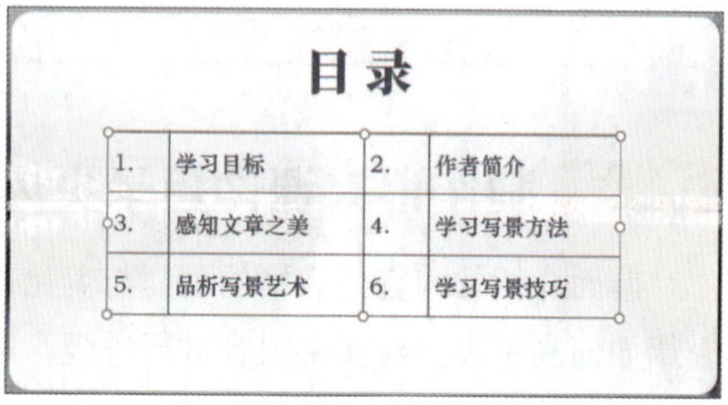

图 5-62

Step 06 选中表格第1列的内容，在"表格工具-布局"选项卡中单击"右对齐"按钮，将该列内容右对齐，如图5-63所示。

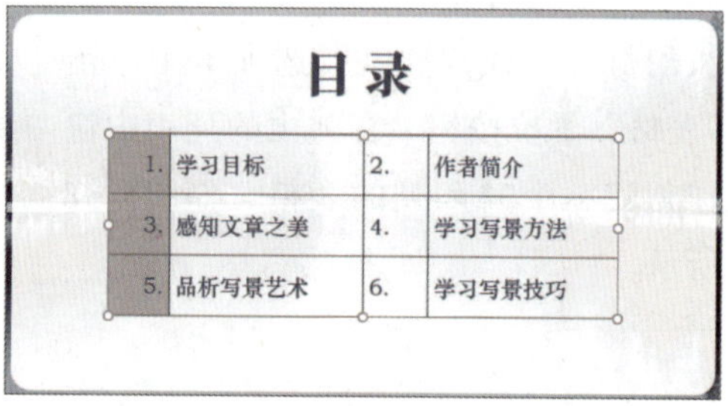

图 5-63

Step 07 按照同样的操作方法，将表格第3列的内容进行右对齐，如图5-64所示。

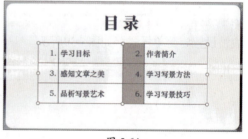

图 5-64

Step 08 选择表格，在"表格工具-设计"选项卡中单击"无框线"下拉按钮，在弹出的列表中选择"无框线"选项，隐藏表格边框线，如图5-65所示。至此目录页内容制作完成。

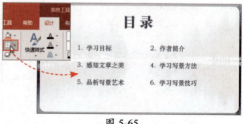

图 5-65

案例实战：美化语文课件

下面利用本章所学内容来对"《乡下人家》语文课件"进行美化操作，所运用到的知识点包括形状的绘制与编辑、图片的插入、表格的插入与编辑等。

Step 01 打开"《乡下人家》语文课件"素材文件。在"视图"选项卡中单击"幻灯片母版"按钮，打开幻灯片母版视图界面，如图5-66所示。

图 5-66

Step 02 选择第3张标题和内容版式页，删除所有的占位符。在"幻灯片母版"选项卡中单击"背景样式"下拉按钮，在弹出的列表中选择"设置背景格式"选项，打开相应的设置窗格，如图5-67所示。

图 5-67

Step 03 在"设置背景格式"窗格中单击"图片或纹理填充"单选按钮，在"图片源"中单击"插入"按钮，在打开的"插入图片"对话框中选择"背景图"选项，单击"插入"按钮，插入背景图片，如图5-68所示。

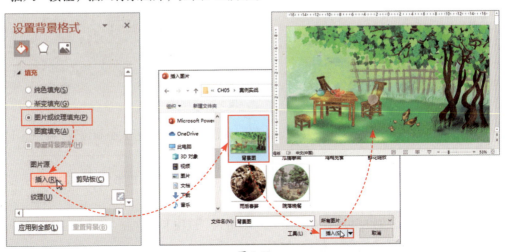

图 5-68

Step 04 关闭设置窗格。在母版页中绘制一个矩形并将其放在页面左侧的合适位置，如图5-69所示。

Step 05 选中绘制的矩形，在"绘图工具-格式"选项卡中单击"形状填充"下拉按钮，在弹出的颜色列表中选择白色，单击"形状轮廓"下拉按钮，在弹出的列表中选择"无轮廓"选项，效果如图5-70所示。

图 5-69

图 5-70

Step 06 右击白色矩形，在弹出的快捷菜单中选择"设置形状格式"选项，打开相应的设置窗格，如图5-71所示。

Step 07 在该窗格中单击"纯色填充"单选按钮，将"透明度"参数设置为7%，效果如图5-72所示。

图 5-71

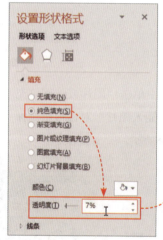

图 5-72

Step 08 选中矩形，按Ctrl键复制该矩形，调整复制后的矩形大小和位置，如图5-73所示。

Step 09 按照相同的复制方法复制多个矩形，分别调整各矩形的大小和位置，如图5-74所示。

Step 10 全选复制的矩形，在"绘图工具-格式"选项卡中单击"组合"下拉按钮，在弹出的列表中选择"组合"选项，如图5-75所示。

图 5-73　　　　　　　　　　　图 5-74

图 5-75

Step 11 关闭幻灯片母版视图界面，返回到普通视图，此时会发现第2张幻灯片已套用了设置完成的版式，如图5-76所示。

图 5-76

Step 12 选择首张标题幻灯片，选择矩形，在该页面中绘制多个大小不同的矩形并将其"形状轮廓"设置为"无轮廓"，排列各矩形的位置，结果如图5-77所示。

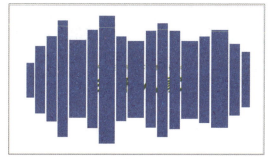

图 5-77

Step 13 选择全部矩形，将其进行组合操作。选择组合后的矩形，在"绘图工具-格式"选项卡中单击"形状填充"下拉按钮，在弹出的列表中选择"图片"选项，如图5-78所示。

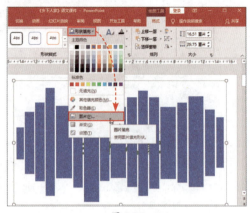

图 5-78

Step 14 在"插入图片"对话框中再次选择"背景图"选项，单击"插入"按钮，完成矩形的填充操作，如图5-79所示。

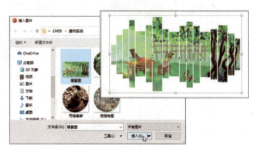

图 5-79

Step 15 右击组合的图形，在弹出的快捷菜单中选择"置于底层"选项，将组合图形放置在标题文字之后，如图5-80所示。

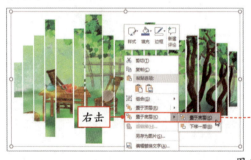 

图 5-80

Step 16 选择标题图形，将其向右移至合适位置，完成标题幻灯片的美化操作，如图5-81所示。

图 5-81

Step 17 选择第3张幻灯片,在"开始"选项卡中单击"幻灯片版式"下拉按钮,在弹出的版式列表中选择"标题和内容"选项,将当前幻灯片套用该版式,如图5-82所示。

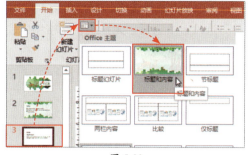

图 5-82

Step 18 按照同样的操作方法,将第4~8张幻灯片均套用该版式,如图5-83所示。

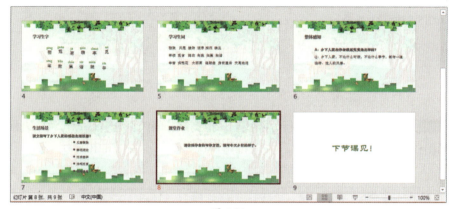

图 5-83

Step 19 选择第4张幻灯片,发现该幻灯片中的文字没有对齐,影响到页面的美观,如图5-84所示。

图 5-84

Step 20 在"插入"选项卡中单击"表格"按钮,创建一个4行6列的表格,如图5-85所示。

图 5-85

105

Step 21 选择表格，在"表格工具-设计"选项卡中选择"无样式，网格型"表格样式，如图5-86所示。

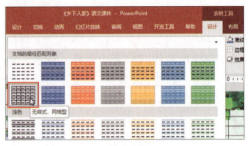

图 5-86

Step 22 选择表格右下角的控制点，拖曳该控制点至合适位置，调整表格的大小，如图5-87所示。

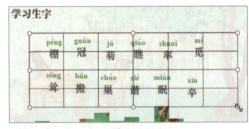

图 5-87

Step 23 将光标移至表格的行分隔线上，拖曳该分隔线至合适位置，调整表格的行高，如图5-88所示。

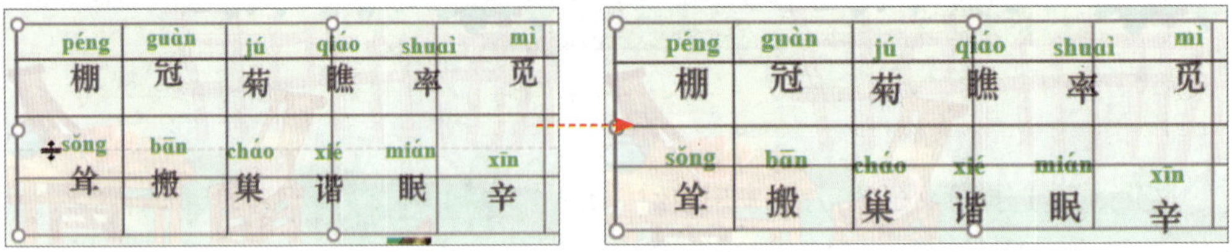

图 5-88

Step 24 将该页面中所有的文字内容剪切到表格中，调整字体的字号，选择表格，在"表格工具-布局"选项卡中单击"居中"和"垂直居中"按钮，将表格文字设置为居中对齐，如图5-89所示。

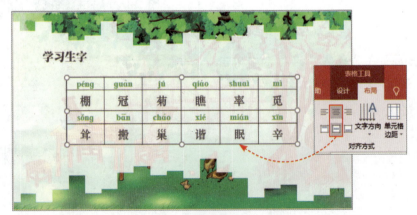

图 5-89

Step 25 选择表格,在"表格工具-设计"选项卡中单击"无线框"按钮,将表格边框进行隐藏,如图5-90所示。

图 5-90

Step 26 选择第7张幻灯片并选择带项目符号的文本框。在"开始"选项卡中单击"转换为SmartArt图形"按钮,在打开的列表中,选择一种图形样式,如图5-91所示。

Step 27 此时被选择的文本框内容将自动套用该图形样式显示,如图5-92所示。

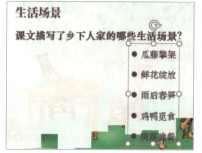
图 5-91

图 5-92

Step 28 将光标移至SmartArt图形右侧的控制点上,将该控制点向右移动调整该图形的大小,如图5-93所示。

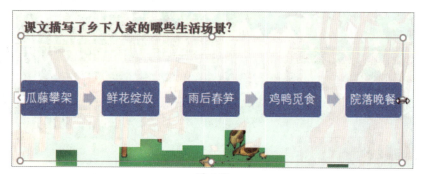

图 5-93

Step 29 选择SmartArt图形，在"SmartArt工具-设计"选项卡中单击"更改颜色"下拉按钮，在弹出的列表中选择一款颜色，更改当前图形的颜色，如图5-94所示。

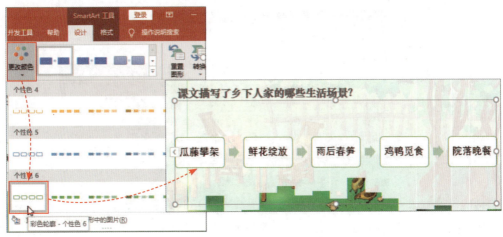

图 5-94

Step 30 复制首张标题幻灯片的背景图形至结尾幻灯片中并将其调整至结尾文字的下方，如图5-95所示。

图 5-95

Step 31 选择结尾文本框，在"绘图工具-格式"选项卡中单击"形状填充"下拉按钮，在弹出的列表中选择白色填充文本框，如图5-96所示。至此，《乡下人家》课件美化完成。

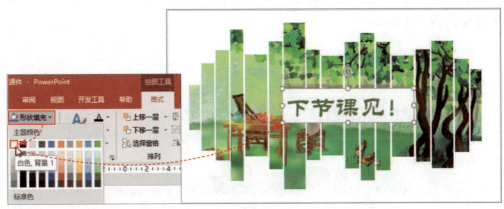

图 5-96

新手答疑

1. Q：选择图片后，为什么"图片版式"是灰色不可用呢？

A：图片版式功能主要是针对多张图进行排版。如果只选择一张图片，是无法启动该功能的。解决方法是，选择多张需排列的图片后即可启动该项命令。

2. Q：PowerPoint 软件中的"相册"功能如何使用？

A：利用相册功能可以快速导入多张图片至课件中，而且每张图片会单独显示在一张幻灯片中。具体操作方法为，在"插入"选项卡中单击"相册"下拉按钮，在弹出的列表中选择"新建相册"选项，打开"相册"对话框，单击"文件/磁盘"按钮，如图5-97所示。在"插入新图片"对话框中选择要导入的图片，单击"插入"按钮，返回至上一层对话框，勾选"相册中的图片"列表中所有的图片复选框，单击"创建"按钮即可，如图5-98所示。

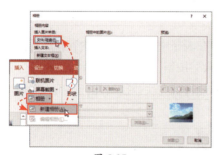

图 5-97　　　　　　　　　　图 5-98

3. Q：可以在幻灯片中直接导入 Excel 表格吗？

A：可以。在"插入"选项卡中单击"对象"按钮，在"插入对象"对话框中单击"由文件创建"单选按钮，单击"浏览"按钮，如图5-99所示。在打开的"浏览"对话框中选择要导入的Excel表格，单击"确定"按钮返回到上一层对话框，单击"确定"按钮即可，如图5-100所示。

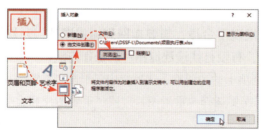 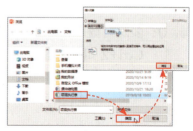

图 5-99　　　　　　　　　　图 5-100

4. Q：如何批量提取课件中的图片呢？

A：将演示文稿的扩展名改为".rar"，用WinRAR软件打开，在"ppt\media"目录中就是该课件使用的所有图片文件，如图5-101所示，解压出来就可以使用。

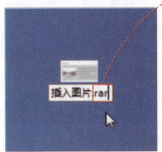
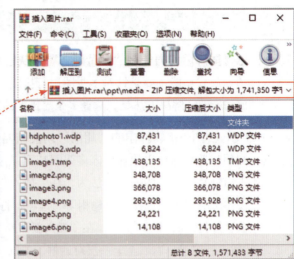

图 5-101

5. Q: 如何快速插入多行或者多列?

A: 例如,要批量插入三个空白行,可以在表格中先选择三行内容,然后在"表格工具-布局"选项卡中单击"在上方插入"按钮,如图5-102所示,此时会在选定的三行上方自动插入三个空白行,选择几行就会快速插入几行。插入多列也是如此操作。

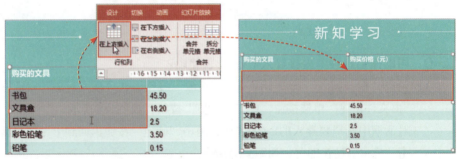

图 5-102

6. Q: 多次对图片进行美化后,发现不合适,想要撤回到原始图片,一次次地按Ctrl+Z 组合键撤回太麻烦,有没有快速还原图片的操作方法?

A: 有。在"图片工具-格式"选项卡的"调整"选项组中,单击"重置图片"下拉按钮,在弹出的列表中根据需要选择"重置图片"或"重置图片和大小"选项即可。

第6章
声音和视频在课件中的应用

在课件中添加声音和视频可以丰富课件内容,特别是对于低龄儿童的教学课件来说,适当地添加一些音效或视频,可以吸引孩子们的注意力,使孩子们更专注于教学内容。本章将简单介绍课件中声音和视频文件的简单应用。

6.1 在课件中添加声音

课件中的声音可分为三种：背景乐、音效和录制声音，其中背景乐适用于自主阅读的课件；音效适用于音乐课件或低龄儿童的教学课件；录制声音适用于所有课件，教师可根据课件内容自主录制。无论哪种声音，添加与编辑方法大致相同，下面向用户介绍声音在课件中的应用。

6.1.1 插入声音文件

在幻灯片中插入声音的方法很简单，选择所需声音文件，将其直接拖至页面中即可。此时页面中会显示出 图标，如图6-1所示，选择 图标，使用鼠标拖曳的方法可移动图标位置。

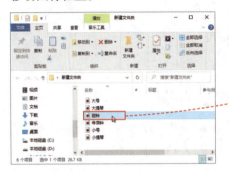

图 6-1

如果需要插入录制的声音文件，除了借助其他专业的录音软件外，还可以利用PowerPoint自带的录音功能进行操作。具体操作方法为，在"插入"选项卡中单击"音频"下拉按钮，在弹出的列表中选择"录制音频"选项，如图6-2所示。在打开的"录制声音"对话框中输入名称，单击 按钮开始录音，录音结束后单击" "按钮停止录音。单击"确定"按钮，此时录制的声音文件已自动插入至页面中，如图6-3所示。

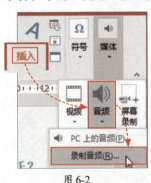
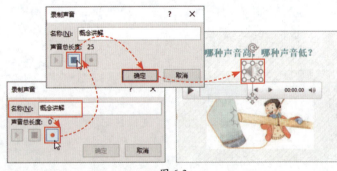

图 6-2　　　　　　　　　　　图 6-3

注意事项 声音插入后，原声音文件需要与课件一起保存。如果删除原声音文件，在播放课件时，可能会出现声音无法正常播放的情况。

在页面中插入声音后，单击播放器中的 ▶ 按钮可播放声音，单击 ◀ 按钮可调整音量的高低，如图6-4所示。

图 6-4

6.1.2 对声音进行剪辑

如果需要对插入的声音进行修剪，可使用"剪裁音频"命令来操作。具体操作方法为，选择 ◀ 图标，在"音频工具-播放"选项卡中单击"剪裁音频"按钮，打开同名对话框，在此拖动起始滑块和终止滑块来调整要保留的区域，如图6-5所示。调整完成后，单击 ▶ 按钮试听剪辑结果。确认无误后，单击"确定"按钮即可完成裁剪操作。

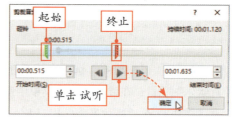

图 6-5

6.1.3 设置声音播放模式

默认情况下，在放映课件时需要单击播放器中的 ▶ 按钮才可播放声音。如果用户想要在放映当前页时自动播放声音，在"音频工具-播放"选项卡中将"开始"设置为"自动"选项即可，如图6-6所示。

插入声音后，声音默认只会在当前页播放，若想跨幻灯片播放，在"音频工具-播放"选项卡中勾选"跨幻灯片播放"复选框即可，如图6-7所示。

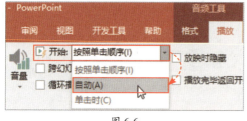

图 6-6　　　　　　　　　图 6-7

注意事项 在"音频工具-播放"选项卡的"淡化持续时间"选项中，可以根据需要设置声音的淡入淡出效果；在"音频选项"选项组中勾选"放映时隐藏"复选框，可以在放映当前幻灯片时自动隐藏 ◀ 图标。

动手练 在指定页面中播放声音

下面以《短歌行》语文课件为例,介绍如何将背景乐在指定的某几页幻灯片中进行播放的操作方法。

Step 01 打开"《短歌行》课件"素材文件。选择第1张幻灯片中的 图标,在"音频工具-播放"选项卡中,将"开始"设置为"自动",勾选"跨幻灯片播放"复选框及"放映时隐藏"复选框,如图6-8所示。

Step 02 单击"剪裁音频"按钮,在打开的同名对话框中,对当前音频文件进行修剪,如图6-9所示。

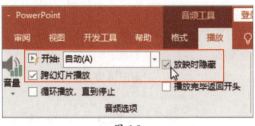

图6-8

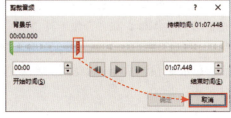

图6-9

Step 03 在"动画"选项卡中单击"动画窗格"按钮,打开同名设置窗格,右击"背景乐"项目,在弹出的快捷菜单中选择"效果选项"选项,如图6-10所示。

Step 04 在"播放音频"对话框的"停止播放"选项组中,将默认的"在999张幻灯片后"选项设置为"在4张幻灯片后",单击"确定"按钮,如图6-11所示。

图6-10　　　　　　　　　　图6-11

Step 05 设置完成后,按F5键即可放映当前课件,此时该背景乐仅在第1~4张幻灯片之间播放。

6.2 在课件中添加教学视频

利用视频可以解决一些无法用语言来表述的问题，使观众能够快速了解制作者的意图，以便进行有效地沟通。那么如何在幻灯片中添加视频呢？下面对其操作方法进行简单介绍。

6.2.1 插入教学视频

插入视频的操作方法与插入声音文件类似，在"插入"选项卡中单击"视频"下拉按钮，在弹出的列表中选择"PC上的视频"选项，在"插入视频文件"对话框中选择所需的视频文件，单击"插入"按钮即可将视频插入页面中，如图6-12所示。此外，在计算机中选择视频文件，将其拖入幻灯片中，可快速插入该视频。

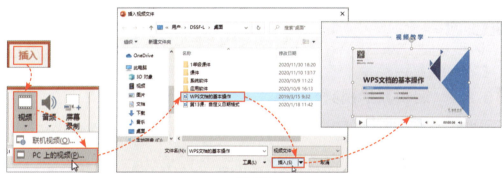

图 6-12

以上介绍的操作步骤是插入计算机中存放的视频文件，如果用户想插入现场录制的视频，可使用"屏幕录制"功能来操作。

在"插入"选项卡中单击"屏幕录制"按钮，此时系统会自动最小化PowerPoint软件并将屏幕半透明状态显示，同时在屏幕顶端会显示录制工具栏，如图6-13所示。使用鼠标拖曳的方法框选出要录制的区域，单击顶部工具栏中的"录制"按钮，进入倒计时状态，如图6-14所示，3秒倒计时结束后开始录制视频。

图 6-13

图 6-14

视频录制结束后，单击工具栏中的■按钮停止录制，同时系统会自动将录制的视频插入当前幻灯片中，如图6-15所示。

图 6-15

注意事项 在录制的过程中，屏幕顶端录制工具栏是隐藏的，如需要调用该工具栏，将光标移至其顶端即可。

6.2.2 编辑教学视频

视频插入后，用户可以对视频进行一些基本的编辑操作，例如对视频内容进行修剪、视频外观的美化操作等。

1. 剪辑视频内容

如果需要对视频内容进行修剪，可先选中视频，在"视频工具-播放"选项卡中单击"剪裁视频"按钮，打开同名对话框，通过拖动起始滑块和终止滑块的位置来调整修剪的内容（两滑块之间为保留区域，之外为删除区域），如图6-16所示，调整完成后单击"确定"按钮即可。

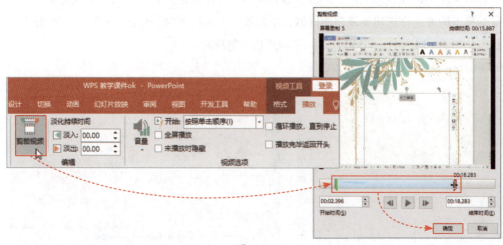

图 6-16

2. 美化视频外观

在PowerPoint软件中，用户可对视频的外观进行设置，例如设置外观的亮度及对比度、设置外观的色调、设置外观的样式等。

选中视频，在"视频工具-格式"选项卡中单击"更正"下拉按钮，在弹出的列表中可以调整其亮度和对比度，如图6-17所示。

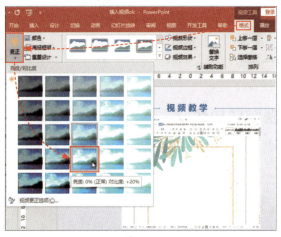

图 6-17

单击"颜色"下拉按钮，在弹出的列表中可以调整当前视频的色调，如图6-18所示。

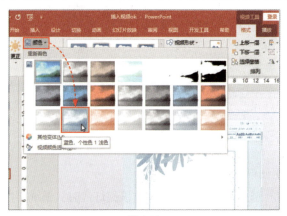

图 6-18

在"视频工具-格式"选项卡的"视频样式"选项组中预设了多种视频样式，选择其中一种样式即可，如图6-19所示。

如果对预设的视频样式不满意，也可以对其样式进行自定义操作。单击"视频形状"下拉按钮，在弹出的列表中可以对视频的形状样式进行设置；单击"视频边框"下拉按钮，在弹出的列表中可以对视频的边框颜色、粗细进行设置；单击"视频效果"下拉按钮，在弹出的列表中可以对视频外观效果进行设置，例如添加阴影、添加映像等，如图6-20所示。

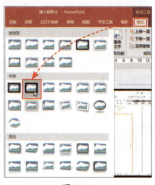   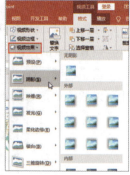

图 6-19　　　　　　　　　　　　　　图 6-20

6.2.3　设置视频播放模式

在放映课件前，需要设置视频的播放模式，例如视频的开始方式、是否全屏播放等。

1. 设置开始模式

选中视频，在"视频工具-播放"选项卡中单击"开始"下拉按钮，在弹出的列表中选择"自动"选项，即可将当前视频的开始方式设置为自动，如图6-21所示。

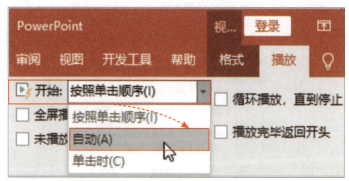

图 6-21

"开始"模式说明如下。

- **按照单击顺序**：选择该选项后，当放映该幻灯片时，系统会按照默认的放映顺序来播放视频，该选项为默认播放模式。
- **自动**：选择该选项后，当放映该幻灯片时，系统将自动播放该视频，无须人工操作。
- **单击时**：选择该选项后，当放映该幻灯片时，只有单击视频中任意处才可播放。

2. 设置全屏播放

默认情况下视频以窗口模式进行播放，若想实现全屏播放效果，在"视频选项"选项组中勾选"全屏播放"复选框即可，如图6-22所示。

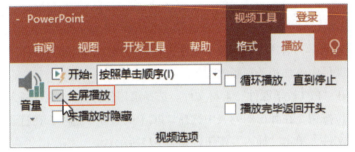

图 6-22

动手练 为WPS教学视频添加封面

插入视频后，有时视频的开始画面不太美观，会影响到页面的整体效果。这时用户可利用"海报框架"功能来为视频添加好看的封面，具体操作步骤如下。

Step 01 打开"WPS 教学视频"素材文件。选择第2张幻灯片中的视频，在"视频工具-格式"选项卡中单击"海报框架"下拉按钮，在弹出的列表中选择"文件中的图像"选项，如图6-23所示。

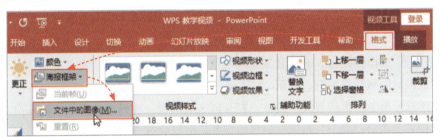

图 6-23

Step 02 在打开的"插入图片"对话框中选择"视频封面"图片素材，单击"插入"按钮，完成视频封面的添加操作，如图6-24所示。

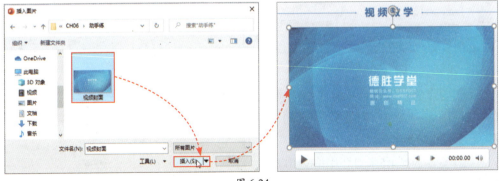

图 6-24

案例实战：完善PPT教学课件内容

下面利用本章所学内容来对PPT教学课件进行完善操作，例如为课件添加片头、片尾背景音乐，在课件中添加相关视频教程等。

Step 01 打开"PPT教学课件"素材文件。选择第1张幻灯片，在"插入"选项卡中单击"音频"下拉按钮，在弹出的列表中选择"PC上的音频"选项，在打开的对话框中选择"背景乐"文件，单击"插入"按钮，如图6-25所示。

Step 02 在页面中会显示出 图标，选择该图标，将其移至页面右上角的合适位置，如图6-26所示。

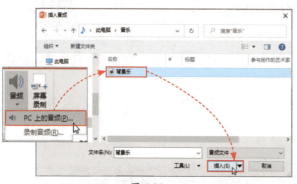

图 6-25　　　　　　　　　　　　　　图 6-26

Step 03 选择 图标，在"音频工具-播放"选项卡中，将"开始"设置为"自动"，勾选"放映时隐藏"复选框，如图6-27所示。

Step 04 单击"剪裁音频"按钮，打开同名对话框，选择终止滑块，将其向左移动至合适位置，单击"确定"按钮，对当前背景乐进行剪裁操作，如图6-28所示。

图 6-27　　　　　　　　　　　　　　图 6-28

Step 05 将"淡化持续时间"选项中的"渐强"和"渐弱"都设置为05.00（5秒），如图6-29所示。

Step 06 选择第5张幻灯片并按照以上操作方法插入背景乐。同样将"开始"设置为"自动"并勾选"放映时隐藏"复选框。单击"剪裁音频"按钮，在打开的设置对

图 6-29

话框中对背景乐进行剪辑，如图6-30所示。

Step 07 剪辑完成后，将该音乐的"渐强"设置为05.00（5秒），如图6-31所示。

图 6-30

图 6-31

Step 08 选择第4张幻灯片，按Ctrl+C组合键进行复制，在其下方指定插入点，按Ctrl+V组合键进行粘贴，复制该幻灯片。删除复制后的幻灯片内容并输入新内容，如图6-32所示。

Step 09 在"插入"选项卡中单击"视频"下拉按钮，在弹出的列表中选择"PC上的视频"选项，在"插入视频文件"对话框中选择所需的视频文件，单击"插入"按钮，如图6-33所示。

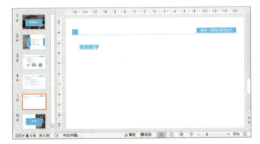

图 6-32

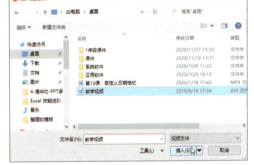

图 6-33

Step 10 此时视频教程已插入至该页面中，适当调整视频画面的大小并将其放置页面合适位置，如图6-34所示。

Step 11 选中视频，在"视频工具-播放"选项卡中勾选"全屏播放"复选框，将视频设置为全屏播放模式，如图6-35所示。至此，PPT课件整理完成。

图 6-34

图 6-35

新手答疑

1. Q: 使用"屏幕录制"功能录制的视频,可以单独提取出来吗?

    A: 可以。使用屏幕录制功能录制的视频,是以mp4格式嵌入至幻灯片中,所以用户执行另存为操作即可。具体操作方法为,右击页面中录制的视频,在弹出的快捷菜单中选择"将媒体另存为"选项,在打开的对话框中,设置保存路径及文件名,单击"保存"按钮即可,如图6-36所示。

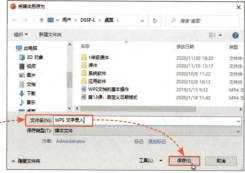

图 6-36

2. Q: 视频书签功能如何使用?

    A: 在视频进度条中指定插入点,在"视频工具-播放"选项卡中单击"添加书签"按钮,此时指定的位置处会显示出黄色圆圈标识,说明该处已添加书签,如图6-37所示。

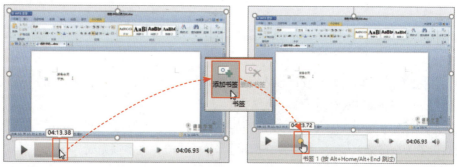

图 6-37

3. Q: 添加视频封面后,感觉不好如何删除?

    A: 选中视频,在"视频工具-播放"选项卡中单击"海报框架"下拉按钮,在弹出的列表中选择"重置"选项,即可恢复原有视频画面。

第7章
动画技术在课件中的应用

对于课件中的重点内容，用户可以为其添加动画效果，以此强调该内容的重要性。此外，运用PPT动画可以丰富枯燥的教学内容，提升教学质量。本章将着重介绍PPT动画的基本设置操作，包括基本动画的添加、组合动画的应用、动画参数设置及各幻灯片间切换动画的添加等。

7.1 在课件中运用基础动画

PowerPoint提供了进入、强调、路径及退出四类基本动画。灵活地运用这些动画，可以使课件呈现出意想不到的效果，下面分别对这些基本动画的操作方法进行介绍。

7.1.1 添加进入/退出动画效果

进入动画是将对象从无到有、逐渐出现的动画过程。相反，退出动画是将对象从有到无、逐渐消失的动画过程。

在幻灯片中选择要添加动画的对象，例如选择如图7-1所示的标题，在"动画"选项卡的"动画"选项组中单击"其他"下拉按钮，在弹出的列表中选择"擦除"选项，如图7-2所示。

图 7-1

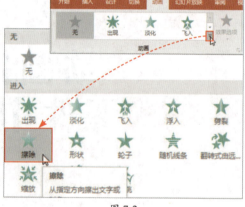

图 7-2

选择完成后系统会自动播放该动画效果，如图7-3所示。

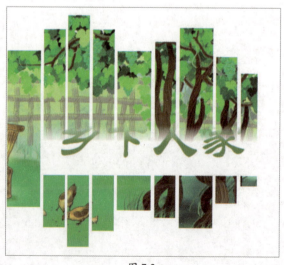

图 7-3

此外，在该对象左上角会显示编号"1"，说明该对象已添加了动画效果，如图7-4所示。

图 7-4

> **知识点拨**
> 以上介绍的编号"1"为动画编号，在为其他对象添加动画后，系统会自动为其添加编号（2、3、4、5……）。当放映该幻灯片时，就会按照编号顺序依次播放所添加的动画效果。若删除添加的动画，选中动画编号，按Delete键即可。

添加动画后，用户还可以根据需要对其运动方向进行设置，例如以上案例添加的是"擦除"进入动画效果，其运动方向默认是自底部（从下往上）显示。如果想要更改其运动方向，在"动画"选项卡中单击"效果选项"下拉按钮，在弹出的列表中选择新方向即可，如图7-5所示，该选项会随着动画类型的改变而改变。

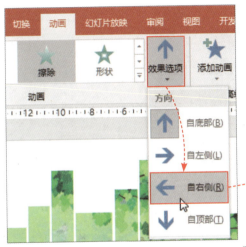 

图 7-5

退出动画的添加方法与进入动画的添加方法类似。在"动画"列表中选择"退出"组中的选项即可，如图7-6所示。单击"效果选项"下拉按钮，在弹出的列表中也可以设置退出动画的运行方向。

图 7-6

注意事项 通常退出动画要与进入动画搭配使用。正确的动画顺序是先进入，再退出。尽量不要单独使用退出动画，否则页面动画看起来很突兀。至于如何将两个或多个动画搭配使用，请参阅"7.2.1 添加组合动画效果"一节的介绍。

7.1.2 添加强调动画效果

对于课件中的一些重点内容，可以为其添加强调动画，以引起学生们的重视。用户在"动画"列表的"强调"组中选择相应的强调动画项即可。例如想要以下画线的方式来强调某文本内容，可先选择该文本，在"强调"组中选择"下画线"选项，此时被选择的文本将自动添加下画线动画，如图7-7所示。

图 7-7

在"动画"选项组中单击右侧按钮,打开"下画线"对话框,在"效果"选项卡中,可以为该动画添加声音、设置动画播放后效果、设置文本动画的方式及字母之间的延迟数值,如图7-8所示。

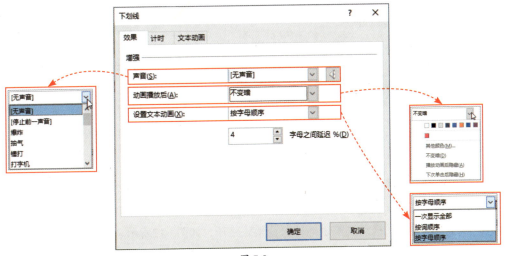

图 7-8

7.1.3 添加路径动画效果

路径动画是让对象按照设定好的动作路径进行运动的动画效果。PowerPoint中预设了多种动作路径,用户可以直接选择使用。具体操作方法为,在页面中选择所需对象,在"动画"列表的"动作路径"组中选择满意的动作路径,这里选择"直线"路径,系统会为其添加默认的直线路径,如图7-9所示。

图 7-9

单击"效果选项"下拉按钮,在弹出的列表中选择"右"选项,可以更改路径的运动方向,如图7-10所示。

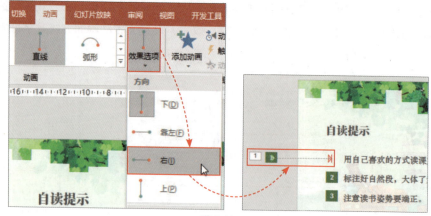

图 7-10

预设的动作路径无法满足需求时，用户可对路径进行调整。右击动作路径，在弹出的快捷菜单中选择"编辑顶点"选项，此时的动作路径已变成可编辑状态，如图7-11所示。选择编辑顶点，拖动调整手柄即可调整该路径，如图7-12所示。

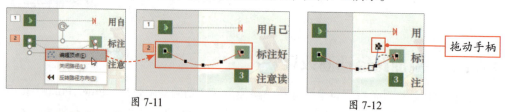

图 7-11　　　　　　　　　　图 7-12

注意事项　预设的动作路径中除"直线"路径不能编辑外，其他路径都可进行编辑操作。

以上介绍的4种基础动画，除列表中列举的部分动画效果外，还可以通过选择"更多××效果"选项，在弹出的对话框中选择更多的动画效果，如图7-13所示，这些动画效果就足以满足用户的日常制作需求。

图 7-13

动手练 为课件添加简单动画效果

下面为语文课件中的图片添加"浮入"动画效果,具体操作步骤如下。

Step 01 打开"动手练 为课件添加简单动画"素材文件,选择第1张幻灯片的图片,在"动画"选项卡的"动画"选项组中单击"其他"下拉按钮,在弹出的列表中选择"浮入"选项,如图7-14所示。

图 7-14

Step 02 单击"效果选项"下拉按钮,在弹出的列表中选择"下浮"选项,更改该动画的运动方向,如图7-15所示。

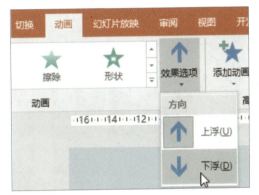

图 7-15

Step 03 设置完成后,用户即可查看添加的动画效果,如图7-16所示。

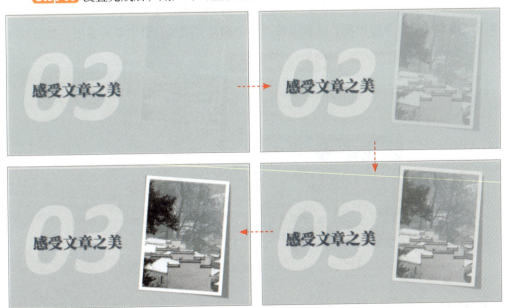

图 7-16

7.2 在课件中运用高级动画

前面介绍的是基本动画的应用操作，下面介绍高级动画的应用操作，例如添加组合动画、添加触发动画及动画计时参数的设置等。

7.2.1 添加组合动画效果

组合动画就是将多个动画组合在一起使用，例如在某对象上先添加进入动画，然后再添加退出动画，使该对象呈现从进入到退出的连贯动作。下面以化学课件为例，介绍如何实现页面中化学符号从无到有，再消失的动画过程。

Step 01 打开《化学课件》素材文件，选择第1张幻灯片中的三个化学符号，为其添加"缩放"进入动画，如图7-17所示。

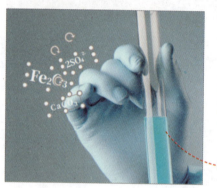

图 7-17

Step 02 保持这三个动画为选中状态，在"动画"选项卡的"高级动画"选项组中单击"添加动画"下拉按钮，在弹出的列表中选择"缩放"退出动画选项，如图7-18所示。

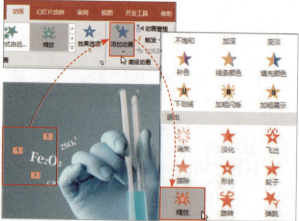

图 7-18

注意事项 当动画编号底纹为橙色显示时，说明该动画为选中状态。

Step 03 此时每个文本框左上角都会显示出编号"2",说明该文本添加了两种动画效果,如图7-19所示,至此完成组合动画的操作设置。

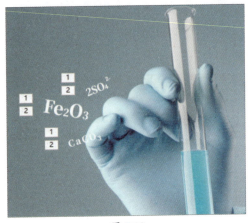

图 7-19

在"动画"选项卡中可单击"预览"按钮查看整个动画过程,如图7-20所示,动画效果如图7-21所示。

图 7-20

 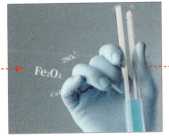 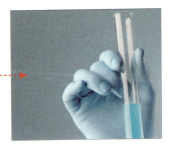

图 7-21

很多优秀的PPT动画大多是由多个基本动画组合而成的,而不是靠单一的动画来实现,所以对于初学者来说,熟练掌握四种基本动画的设置操作是很有必要的。

7.2.2 调整动画计时参数

动画添加后,一般需要对该动画的计时参数进行调整,例如调整动画的开始模式、动画播放顺序、动画持续时间及延迟时间等。用户可在"动画"选项卡的"计时"选项组中进行简单的设置,如图7-22所示。

图 7-22

此外，在"动画"选项卡中单击"动画窗格"按钮，打开同名设置面板。右击所需动画项，在弹出的快捷菜单中选择"计时"选项，在"计时"选项卡中对其参数进行详细设置即可，如图7-23所示。

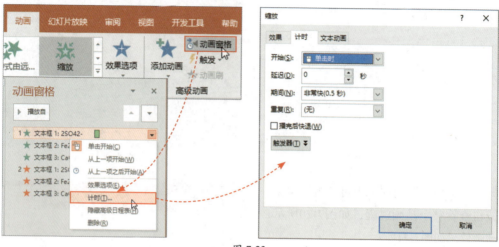

图 7-23

知识点拨

在"动画窗格"面板中会显示出当前幻灯片中所有的动画项。在无选择状态下，单击"全部播放"按钮，可按照排列顺序从上至下播放所有动画，如图7-24所示。如果选择某一动画项，单击"播放自"按钮，则只播放被选中的动画效果，如图7-25所示。在该面板中单击右上角的 ▲ 或 ▼ 按钮，可调整动画项的前后顺序，如图7-26所示。

图 7-24

图 7-25

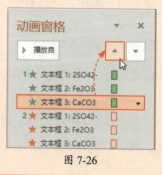
图 7-26

"计时"选项组中的选项说明如下。

- **开始：** 该选项可调整动画播放模式，该模式分三种，分别为单击时、与上一动画同时和上一动画之后，其中"单击时"为默认播放模式。放映当前幻灯片时，需单击才可以播放动画；"与上一动画同时"模式则为当前动画与上一个动画同时播放；"从上一动画之后"模式则为在上一个动画播放结束后，再播放当前动画。

- **持续时间：** 该选项可调整当前动画从开始到结束的时间参数，一般保持默认参数。

- **延迟**：该选项可调整两个动画之间的停顿时长，默认情况为0秒。
- **对动画重新排序**：该选项可调整各动画播放的前后顺序。

7.2.3 添加触发动画效果

触发动画是指在单击某个特定对象后才会触发的动画。在课件中运用触发动画，可增加教师与学生之间的互动，增强课件的趣味性。下面以制作选择题动画为例来介绍触发动画的具体操作方法。

Step 01 打开《选择题》素材文件。选择第1张幻灯片并选择A选项的"✕"图标，在"动画"列表中选择"淡化"选项，为其添加进入动画效果，如图7-27所示。

Step 02 在"动画"选项卡的"高级动画"选项组中单击"触发"下拉按钮，在弹出的列表中选择"通过单击"选项，在其级联菜单中选择"A"选项（A选项文本框），如图7-28所示。

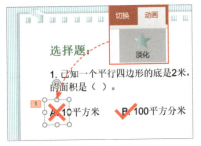

图 7-27

图 7-28

Step 03 此时原动画编号"1"变成触发器图标，触发条件设置完成。

Step 04 将B项的✓和C项的✕都添加"淡化"进入动画，将B项✓的触发条件设置为B（B选项文本框），如图7-29所示，将C项的触发条件设置为C（C选项文本框），如图7-30所示。

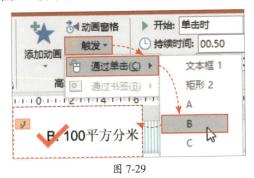

图 7-29

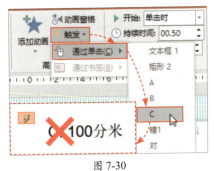

图 7-30

Step 05 全部设置完成后，按F5键可查看动画效果。将光标移至A选项文本框后，光标会变成手指形状，单击即可显示出✕。单击B选项文本框后，则会显示出✓，如图7-31、图7-32所示。

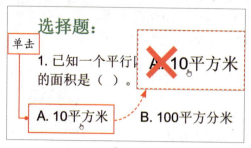
图 7-31

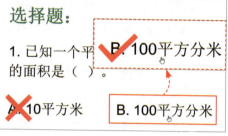
图 7-32

在设置触发动画时，会涉及PPT "选择窗格"的使用操作，该窗格可以快速指定幻灯片中某一对象。在幻灯片中创建的每一个对象都会显示在选择窗格中，其对象会默认以"文本框×""矩形×""椭圆×""图片×"等名称显示，如图7-33所示。

图 7-33

为了能够快速区别这些对象，需要对其重新命名。具体操作方法为，在"开始"选项卡中单击"选择"下拉按钮，在弹出的列表中选择"选择窗格"选项，打开同名窗格面板，双击要更改名称的对象，使其名称呈可编辑状态，如图7-34所示。输入新名称，按Enter键即可完成名称的更换操作，如图7-35所示。

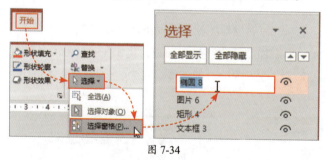
图 7-34

图 7-35

由于选择窗格中的内容与触发功能中的"通过单击"列表内容是联动的，所以在设置触发动画时，需要先将对象名称更改，以便触发条件的设置操作，如图7-36所示。

图 7-36

动手练 设置动画延迟时间

前面用《化学课件》案例介绍组合动画的添加操作,在为该案例添加进入和退出动画后,发现化学符号刚进入就退出,中间没有停顿的时间,这样会导致观众无法看清内容。合理的动画流程是先进入,停顿2~3秒再退出。下面对该动画的延迟参数进行调整。

Step 01 打开"动手练 设置动画延迟时间"素材文件。在"动画"选项卡中单击"动画窗格"按钮,打开相应的设置面板。选择"★ 文本框1……"退出动画选项,在"计时"选项组中将"延迟"选项设为"03.00(3秒)",如图7-37所示。

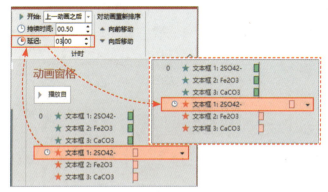

图 7-37

Step 02 同时选择"★ 文本框2……"和"★ 文本框3……"两个退出动画选项,在"计时"选项组中将"开始"设为"与上一动画同时"即可,如图7-38所示,按F5键用户可查看设置后的结果。

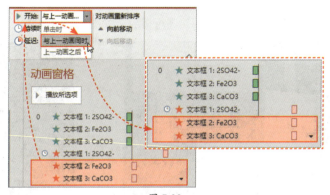

图 7-38

> **知识点拨**
> 在动画窗格中,为第1个动画项的"开始"模式设置为"与上一动画同时"后,原动画编号"1"将变成"0"。这说明当放映该幻灯片时,动画会自动播放,无须手动单击播放。只有当"开始"模式为"单击时"才会显示编号1、2、3……。

7.3 在课件中运用切换动画

幻灯片切换效果是指在放映过程中从一张幻灯片跳转到下一张幻灯片时所呈现出来的动画效果，通过设置用户可以控制切换的速度、声音及切换方式等。

7.3.1 添加切换动画效果

想要为幻灯片添加切换动画效果，可先选择所需幻灯片，在"切换"选项卡的"切换到此幻灯片"选项组中单击"其他"下拉按钮，在弹出的效果列表中选择一种动画效果即可，如图7-39所示。

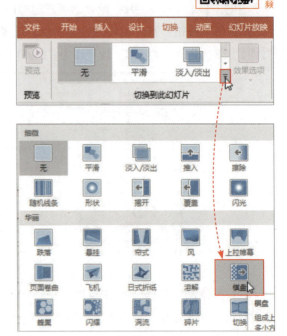

图 7-39

此时幻灯片将自动应用该动画效果并进行播放，如图7-40所示。

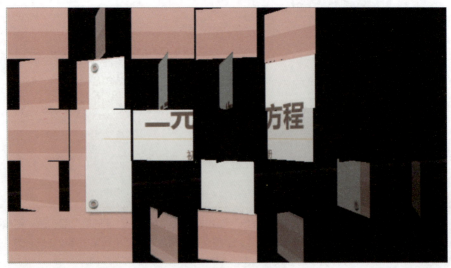

图 7-40

单击"效果选项"下拉按钮,在弹出的列表中可以选择切换的方向,如图7-41所示。

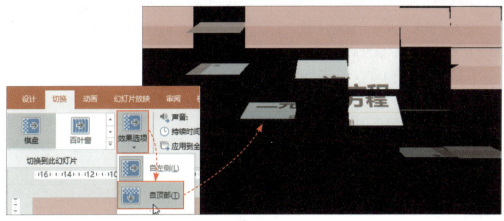

图 7-41

7.3.2 设置切换动画的参数

添加切换动画后,在"切换"选项卡的"计时"选项组中用户可为其添加切换声音、调整持续时间及设置换片方式,如图7-42所示。

图 7-42

下面对"计时"选项组中的设置选项进行说明。

- **声音**:该选项可为幻灯片添加切换的声音,默认为无声音。
- **持续时间**:该选项可设置切换动画的时长。
- **应用到全部**:单击该按钮,可将当前切换动画效果应用至其他幻灯片中。
- **单击鼠标时**:勾选该选项后,在放映幻灯片时,单击方可切换。
- **设置自动换片时间**:勾选该选项并设定时长后,在放映幻灯片时,系统会根据设定的时长自动切换幻灯片。

案例实战：为英语课件添加动画效果

下面利用本章所学内容来对《Let's eat》英语课件添加动画效果，其中涉及的动画命令有飞入、强调、触发动画效果的添加、动画参数的设置、页面切换效果的添加等。

Step 01 打开《Let's eat》英语课件素材文件。选择第1张幻灯片的"Let's eat"文本框，在"动画"选项卡的动画列表中选择"弹跳"选项，如图7-43所示。

Step 02 在"动画"选项组中单击右侧的 按钮，在"弹跳"对话框的"效果"选项卡中，将"设置文本动画"设置为"按字母顺序"，其他保持默认，单击"确定"按钮，如图7-44所示。

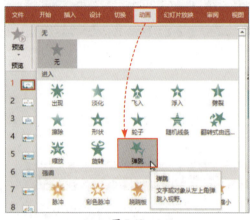
图 7-43

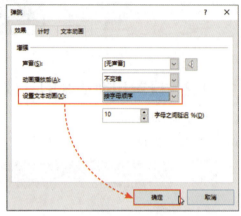
图 7-44

Step 03 设置完成后即可预览添加的弹跳动画效果，如图7-45所示。

Step 04 同时选择"Unit 5"和"小学英语 三年级 人教版"两个文本框，在"动画"列表中选择"缩放"选项，为其添加缩放动画效果，如图7-46所示。

图 7-45

图 7-46

Step 05 打开"动画窗格"设置面板，选择第2个动画项（矩形3：Unit5），右击，在弹出的快捷菜单中选择"从上一项之后开始"选项，如图7-47所示。

Step 06 在该窗格中右击第1个动画项（矩形34：Let's eat），在弹出的快捷菜单中选择"从上一项开始"选项，如图7-48所示，至此该页动画效果添加完成。

图 7-47

图 7-48

Step 07 选择第3张幻灯片，选择第1行文本框，在"动画"选项卡的"动画"列表中选择"飞入"选项，为其添加飞入效果，如图7-49所示。

Step 08 单击"效果选项"下拉按钮，在弹出的列表中选择"自右侧"选项，更改飞入方向，如图7-50所示。

图 7-49

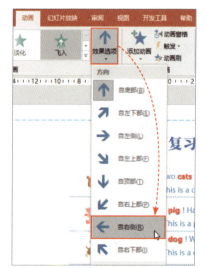
图 7-50

Step 09 单击"动画"选项组右侧的 按钮，打开"飞入"对话框，在"效果"选项卡中将"动画文本"设置为"按词顺序"，将"字/词之间延迟"设置为"5%"，如图7-51所示。

Step 10 将该文本框保持选中状态，在"动画"选项卡中双击"动画刷"按钮，选择该幻灯片中其他文本框，即可将其动画复制到其他文本中，如图7-52所示。

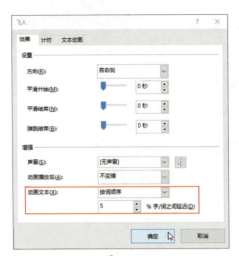

图 7-51

图 7-52

Step 11 再次选择第1个动画序号，在"动画"选项卡中单击"触发"下拉按钮，在弹出的列表中选择"通过单击"选项，在其级联菜单中选择"图Cats"选项，为其添加触发器，如图7-53所示。

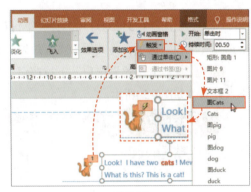

图 7-53

Step 12 按照同样的操作方法，将其他三个动画也添加触发器，其中第2个动画的"通过单击"选项设置为"图pig"；第3个动画设置为"图dog"；第4个动画设置为"图duck"，如图7-54所示。至此，该幻灯片的动画添加完成。

图 7-54

Step 13 选择第8张幻灯片的第1句人物对话，在"动画"列表中选择"擦除"选项，在"效果选项"列表中选择"自左侧"选项，如图7-55所示。

Step 14 选择第2句人物对话，同样为其添加"擦除"进入动画，将其"效果选项"设置为"自右侧"，如图7-56所示。

图 7-55

图 7-56

Step 15 按照同样的方法将第3句人物对话添加"擦除"动画并将其"效果选项"设置为"自左侧",如图7-57所示。

Step 16 选择图片,为其添加"缩放"进入动画,如图7-58所示。

图 7-57

图 7-58

Step 17 打开"动画窗格"设置面板,将第4个动画项(图片15)移至第2个动画项(组合4)下方,调整该动画的顺序,如图7-59所示。

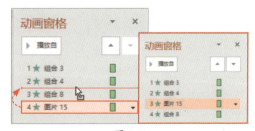
图 7-59

Step 18 在该动画窗格中,将第3个动画项的"开始"模式设置为"从上一项之后"开始,如图7-60所示。至此,完成第8张幻灯片的添加操作。

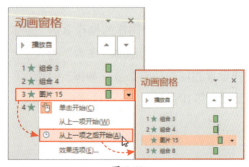
图 7-60

Step 19 按照第8张幻灯片动画的添加方法，为第9张幻灯片添加相同的动画，如图7-61所示。

图 7-61

Step 20 选择第10张幻灯片，选择第1个内容文本框（背诵新单词），为其添加"飞入"进入动画并将其"效果选项"设置为"自右侧"，如图7-62所示。

图 7-62

Step 21 单击"动画"选项组右侧的按钮，打开"飞入"对话框，在"效果"选项卡中将"动画文本"设置为"按字母顺序"，其他为默认，单击"确定"按钮，如图7-63所示。

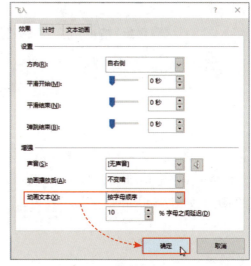

图 7-63

Step 22 按照同样的操作方法，将其他两个文本内容都添加"飞入"进入动画并设置相同的动画参数，如图7-64所示。至此，第10张幻灯片的动画添加完成。

图 7-64

Step 23 选择第1张幻灯片，在"切换"选项卡的"切换到此幻灯片"选项组中选择"平移"选项，为当前幻灯片添加切换效果，如图7-65所示。

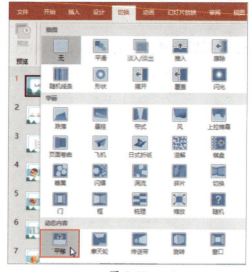

图 7-65

Step 24 在"切换到此幻灯片"选项组中将"效果选项"设置为"自右侧"，调整幻灯片切换方向，如图7-66所示。

图 7-66

Step 25 在"计时"选项组中单击"应用到全部"按钮，将该切换方式应用到其他幻灯片中，如图7-67所示。至此，英语课件动画效果全部添加完成，按F5键进入放映模式，用户可查看最终动画效果。

图 7-67

新手答疑

1. Q: 添加动画后,在放映时只有单击才能播放动画,如何设置自动播放动画呢?

　　A: 选择动画编号,在"动画"选项卡中将"开始"设置为"与上一动画同时"或"上一动画之后",当动画编号变为"0"即可,如图7-68所示。

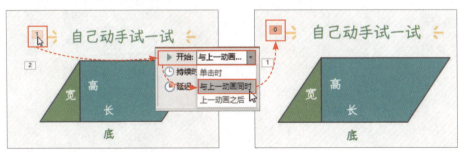

图 7-68

2. Q: 在添加触发动画时,"触发"按钮不能用,怎么办?

　　A: 用户在为对象添加触发动画时,先要为该对象添加一个进入动画效果,然后再启用"触发"按钮添加触发器,图7-69所示是添加进入动画效果后"触发"按钮可用。图7-70所示是未添加进入动画时"触发"按钮不可用。

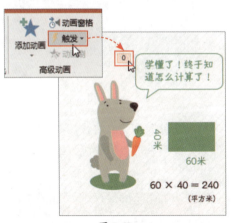 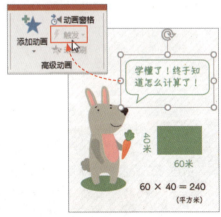

图 7-69　　　　　　　　　　　　　图 7-70

3. Q: 如何取消所有幻灯片的切换动画呢?

　　A: 选择其中一张幻灯片,在"切换"选项卡的切换效果列表中选择"无"选项,然后单击"计时"选项组中的"应用到全部"按钮,即可取消所有幻灯片的切换效果。

4. Q: 想要将某个动画进行循环播放,该如何设置?

　　A: 选择需要设置的动画对象,单击"动画"选项组右侧的 按钮,在打开的对话框中切换到"计时"选项卡,单击"重复"下拉按钮,在弹出的列表中选择重复次数,单击"确定"按钮即可,如图7-71所示。

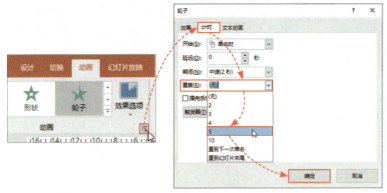

图 7-71

5. Q:能否为设置的"飞入"动画添加音效?

　　A:可以。选择需要设置的动画对象,单击"动画"选项组右侧的按钮,打开"飞入"对话框,在"效果"选项卡中单击"声音"下拉按钮,在弹出的列表中选择所需音效即可,如图7-72所示。如果列表中没有合适的音效,可自定义音效。在列表中选择"其他声音"选项,在打开的"添加音频"对话框中选择计算机中保存的音效文件即可,如图7-73所示。

图 7-72

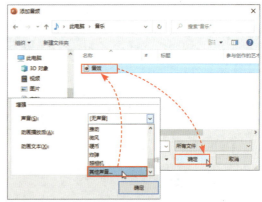

图 7-73

6. Q:如何快速删除所有幻灯片的切换效果?

　　A:选择任意一张幻灯片,将其切换效果设置为"无",然后单击"应用到全部"按钮即可,如图7-74所示。

图 7-74

第 8 章
链接技术在课件中的应用

课件的内容经常会分成多个课时进行授课,如果每次来回查找教学内容,必定会浪费不少时间,所以在课件中应用导航链接功能很有必要,此功能可以方便教师在授课时对课件内容进行有效控制。本章将介绍如何在课件中添加链接及动作按钮。

8.1 链接到指定课件内容

想要实现在页面中单击某对象后立即跳转到指定页面内容的效果,则需要为该对象添加链接设置,本节具体介绍对象链接的添加与编辑操作方法。

8.1.1 添加超链接

在页面中选择要设置的文本内容,在"插入"选项卡中单击"链接"按钮,如图8-1所示,在"插入超链接"对话框的"链接到"列表中选择链接的位置,这里选择"本文档中的位置"选项,如图8-2所示。

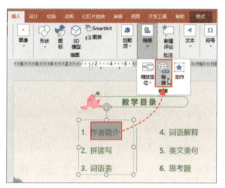

图 8-1

图 8-2

在"请选择文档中的位置"列表中选择目标幻灯片,在右侧"幻灯片预览"方框中会显示出目标幻灯片内容,确认无误后,单击"确定"按钮,关闭对话框,如图8-3所示,此时被选中的文本已用下画线的方式突出显示出来了。将光标放置在该文本上时会显示出链接提示,如图8-4所示,说明该文本已添加链接设置。

图 8-3

图 8-4

在普通视图中按Ctrl键并单击链接的对象即可跳转至目标幻灯片中。在放映过程中,将光标移至链接对象上,此时光标会变成手指形状,单击该链接对象即可实现跳转操作。

注意事项 如果对象是文本内容,添加链接设置后,该文本的颜色会发生变化,默认会以蓝色突出显示。如果对象是图片、图形或文本框,为其添加链接后,该对象不会发生任何变化。

8.1.2　对链接项进行编辑

为对象添加链接后，用户可以对其链接进行编辑，例如修改链接源、修改链接颜色、删除链接等。

1. 修改链接源

若为对象设置了错误的链接源，就需要对链接源进行更改。右击链接对象，在弹出的快捷菜单中选择"编辑链接"选项，如图8-5所示。在打开的"编辑超链接"对话框中重新选择目标对象，单击"确定"按钮即可，如图8-6所示。

图 8-5

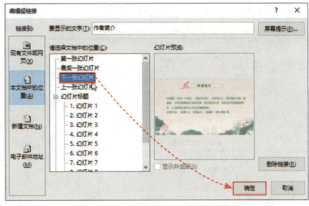

图 8-6

2. 修改链接颜色

对于文本链接来说，如果默认的链接颜色与页面其他颜色不和谐，用户可以对其颜色进行调整。在"设计"选项卡的"变体"选项组中单击"其他"下拉按钮，在弹出的列表中选择"颜色"选项，在其级联菜单中选择"自定义颜色"选项，如图8-7所示。

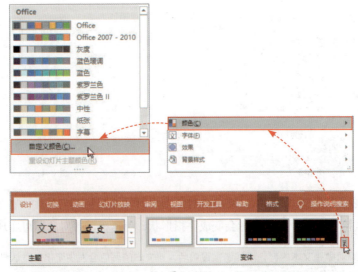

图 8-7

在"新建主题颜色"对话框中单击"超链接"下拉按钮,在弹出的色块列表中选择合适的颜色。单击"已访问的超链接"下拉按钮,可在弹出的列表中设置访问过的文本链接颜色,单击"保存"按钮完成链接颜色的修改操作,如图8-8所示。

> **知识点拨**
> 如何使链接后的文本不变色且不显示下画线呢?方法很简单,在选择文本时,选择该文本的文本框(不是文字内容),然后再添加链接即可。

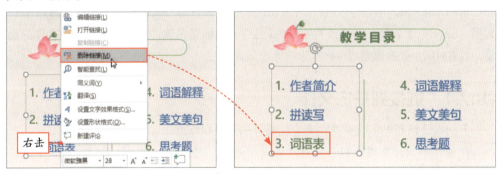

图 8-8

3. 删除链接

若要删除链接,右击链接对象,在弹出的快捷菜单中选择"删除链接"选项即可,如图8-9所示。

图 8-9

动手练 为语文课件的导航页添加链接 扫码看视频

下面以《陋室铭》课件为例,为其目录页添加内容链接,具体操作方法如下。

Step 01 打开《陋室铭》课件素材文件,选择第2张目录页中的"背景知识"文本框,在"插入"选项卡中单击"链接"按钮,打开"插入超链接"对话框,在"链接到"列表中选择"本文档中的位置"选项,在"请选择文档中的位置"列表中选择"幻灯片3"选项,单击"确定"按钮,如图8-10所示。

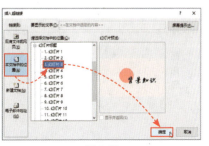

图 8-10

Step 02 按照同样的方法，将页面中其他三个文本框都添加相应链接，将"认字识词"文本框链接到"幻灯片6"；将"课文赏析"文本框链接到"幻灯片9"；将"拓展学习"文本框链接到"幻灯片12"，如图8-11所示。

图 8-11

Step 03 按Shift+F5组合键放映当前目录页，单击所需链接文本框即可跳转到相关页面，如图8-12所示。

图 8-12

8.2 将课件链接到相关文件

利用链接功能，用户可以在课件放映的过程中直接打开其他类型的文件，例如Word文档、Excel电子表格、网页或其他PPT课件等，从而避免软件相互切换出现误操作的现象，节省时间，提高课堂效率。

8.2.1 链接到指定文件

下面以链接到Word文档为例来介绍具体的链接操作方法。

在课件中选择所需内容，打开"插入超链接"对话框，在"链接到"列表中选择"现有文件或网页"选项，在"查找范围"列表中指定要链接到的Word文档，单击"确定"按钮即可，如图8-13所示。

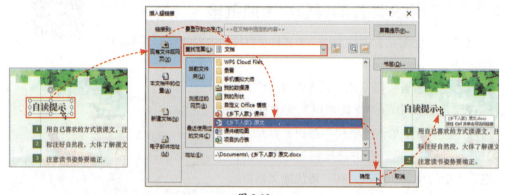

图 8-13

8.2.2 链接到网页

放映是为了实现更大范围的信息交互，可将链接设置为网页，具体操作方法为，在页面中选择所需对象，打开"插入超链接"对话框，在"地址"栏中输入要链接到的网址，单击"确定"按钮即可，如图8-14所示。

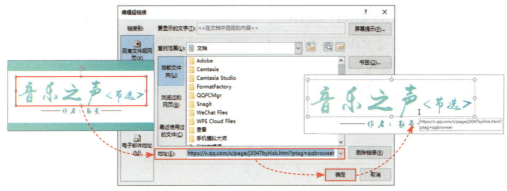

图 8-14

注意事项 将内容链接到网页后，在计算机联网的情况下可以实现链接操作。

动手练 为PPT课件添加网页链接

下面以《PPT配色》课件为例来为其添加网页链接操作。

Step 01 打开《PPT配色》课件素材文件。选择最后一张幻灯片并复制网址内容，如图8-15所示。

图 8-15

Step 02 单击"链接"按钮，打开"插入超链接"对话框，在"地址"栏中粘贴网址内容，单击"确定"按钮即可，如图8-16所示。此时在课件放映过程中，单击该网址内容即打开相应的网页。

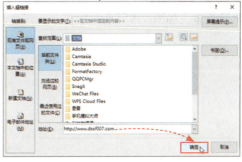

图 8-16

8.3 制作课件动作按钮

为了能够更加灵活地控制课件的放映,用户还可以为其添加动作按钮。通过单击动作按钮可快速返回上一页或首页等,下面介绍动作按钮的添加与设置操作方法。

8.3.1 添加预设动作按钮

PowerPoint中自带多种动作按钮,用户插入该按钮并设置链接选项即可。在"插入"选项卡中单击"形状"下拉按钮,在弹出的列表中选择满意的按钮图标进行绘制,如图8-17所示。

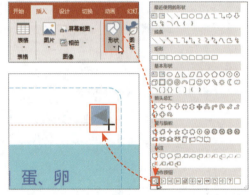

图 8-17

绘制完成后打开"操作设置"对话框,单击"超链接到"下拉按钮,在弹出的列表中选择要链接到的幻灯片,这里选择"幻灯片"选项,打开"超链接到幻灯片"对话框,选择目标幻灯片,单击"确定"按钮,如图8-18所示。

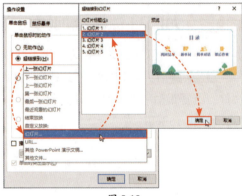

图 8-18

设置完成后返回上一级对话框,再次单击"确定"按钮,即可完成动作按钮的链接设置,如图8-19所示。

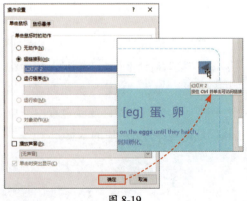

图 8-19

8.3.2 自定义动作按钮

PowerPoint中预设的动作按钮有些过时且不美观，用户可以自定义新的动作按钮，以搭配页面整体风格，具体操作方法为，在"形状"列表中选择一个满意的形状并设置其形状样式，如图8-20所示。在"插入"选项卡中单击"动作"按钮，打开"操作设置"对话框，在此，用户可按照以上介绍的操作方法设置要链接到的幻灯片页面即可，如图8-21所示。

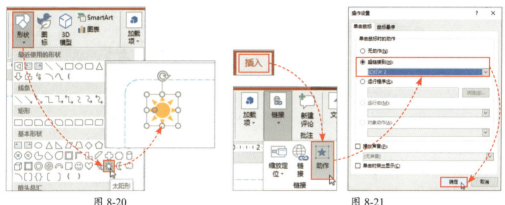

图 8-20　　　　　　　　图 8-21

动手练　为语文课件添加动作按钮

下面以《雨巷》语文课件为例来为其添加相应的动作按钮。

Step 01 打开《雨巷》课件素材文件，选择第4页幻灯片，在"形状"列表中选择五角星形状进行绘制，同时设置五角星样式，如图8-22所示。

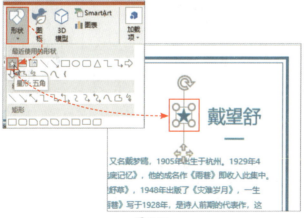

图 8-22

Step 02 在"插入"选项卡中单击"动作"按钮，打开"操作设置"对话框，单击"超链接到"单选按钮，在其下拉列表中选择"幻灯片"选项，在"超链接到幻灯片"对话框中选择"幻灯片2"选项，单击"确定"按钮，如图8-23所示。

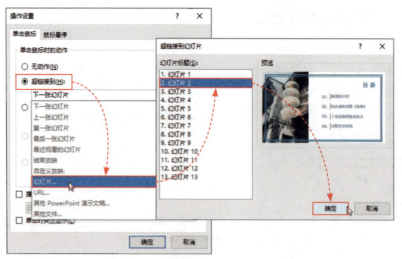

图 8-23

Step 03 返回上一层对话框,单击"确定"按钮,完成动作按钮的添加操作。复制该按钮至第8张、第10张和第12张幻灯片中,适当调整按钮的位置,即可完成其他动作按钮的设置操作,效果如图8-24所示。

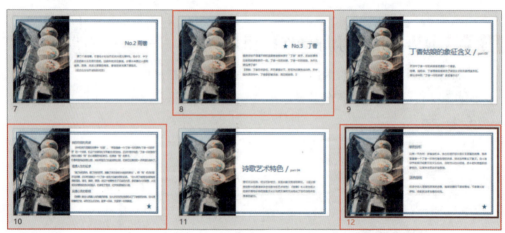

图 8-24

知识点拨

如果需要对动作按钮的链接源进行更改,右击该动作按钮,在弹出的快捷菜单中选择"编辑链接"选项,在打开的同名对话框中的"请选择文档中的位置"列表中重新选择幻灯片即可。

案例实战：实现数学课件交互导航功能

下面利用本章所学内容，对《二元一次方程》课件的导航页添加链接操作，其中涉及的操作命令有添加链接和添加动作按钮并设置链接。

Step 01 打开《二元一次方程》课件素材文件，选择第2张幻灯片的"1.情景导航"文本框，在"插入"选项卡中单击"链接"按钮，如图8-25所示。

图 8-25

Step 02 在打开的"插入超链接"对话框中选择"本文档中的位置"选项，再从"请选择文档中的位置"列表框中选择"幻灯片3"选项，单击"确定"按钮，如图8-26所示。

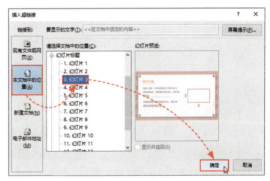

图 8-26

Step 03 将光标移动至该文本框时，会显示出相关的链接信息，如图8-27所示。

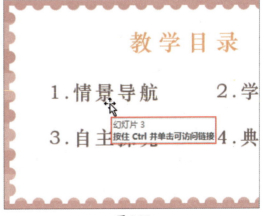

图 8-27

Step 04 选择"2.学习新知"文本框，单击"链接"按钮，打开"插入超链接"对话框，在"请选择文档中的位置"列表框中选择"幻灯片7"选项，单击"确定"按钮，如图8-28所示。

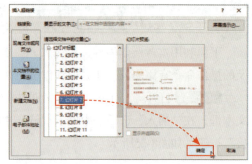

图 8-28

Step 05 按照以上相同的操作方法，将"3.自主探究"文本框链接到"幻灯片9"，如图8-29所示，将"4.典型分析"文本框链接到"幻灯片12"，如图8-30所示。

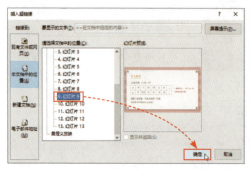

图 8-29

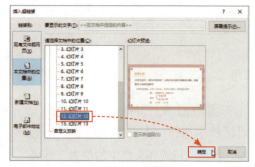

图 8-30

Step 06 选择第6张幻灯片，在"插入"选项卡中单击"形状"下拉按钮，在弹出的列表中选择"箭头：V型"选项，在页面右侧合适位置绘制该图形，如图8-31所示。

Step 07 选择该图形，在"绘图工具-格式"选项卡中单击"旋转对象"下拉按钮，在弹出的列表中选择"水平翻转"选项，将该图形进行旋转，如图8-32所示。

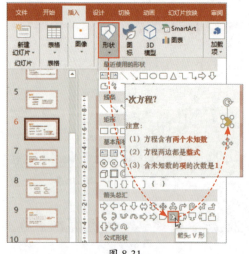

图 8-31

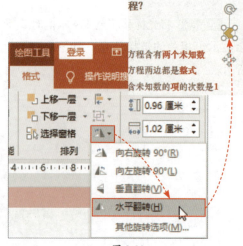

图 8-32

Step 08 选择图形，在"绘图工具-格式"选项卡中将"形状填充"设置为"无填充"，如图8-33所示。

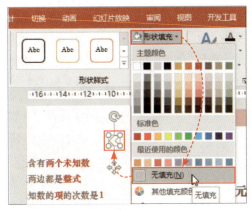

图 8-33

Step 09 在"插入"选项卡中单击"动作"按钮，打开"操作设置"对话框，单击"超链接到"单选按钮，在其下拉列表中选择"幻灯片"选项，如图8-34所示。

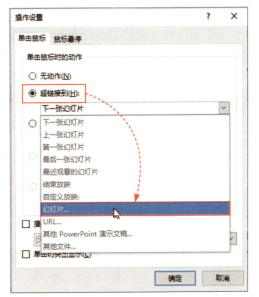

图 8-34

Step 10 在"超链接到幻灯片"对话框的"幻灯片标题"列表中选择"幻灯片2"选项，单击"确定"按钮，如图8-35所示。

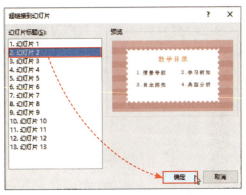

图 8-35

Step 11 返回上一层对话框,单击"确定"按钮。勾选"播放声音"复选框并为其添加"单击"播放声音。单击"确定"按钮,关闭对话框,如图8-36所示。

图 8-36

Step 12 将光标移至该图形上,系统会显示出相关的链接信息。至此,动作按钮的添加与链接操作设置完成,如图8-37所示。

Step 13 将该动作按钮复制到第8张、第11张和第12张幻灯片中相应位置,完成其他幻灯片动作按钮的添加与链接操作,如图8-38所示。

图 8-37

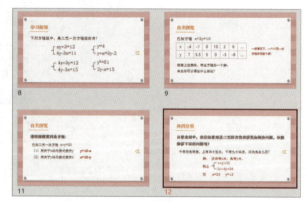

图 8-38

Step 14 设置完成后,按F5键放映当前课件。将光标移至链接内容上时,光标会变成手指形状,单击该内容即可跳转到相关的链接页面,如图8-39所示。

图 8-39

 **新手答疑**

1. Q：在页面中选择图形对象后，"链接"按钮为什么不可以使用呢？

   A：一般图片、图形、文字等元素都可以为其添加链接，但如果选择的图形是组合后的图形，那么就将图形取消组合后，再进行链接设置操作，否则"链接"功能不可使用。

2. Q：在放映课件时，想要打开其他应用程序来进行演示，该如何操作？

   A：只需要将指定的内容链接到相应的应用程序就可以。具体设置方法为，在页面中选择所需内容，单击"链接"按钮，打开"插入超链接"对话框，单击"查找范围"方框中指定查找的路径，如图8-40所示。在其列表中选择所需的应用程序，单击"确定"按钮即可，如图8-41所示。

图 8-40

图 8-41

3. Q：设置动作按钮的音效时，能否添加自定义音效呢？

   A：可以。如果内置的音效不满意，用户可以为其添加其他的音效。在"操作设置"对话框中勾选"播放声音"复选框，单击其下拉按钮，在弹出的列表中选择"其他声音"选项，在"添加音频"对话框中选择所需音效文件，单击"确定"按钮即可，如图8-42所示。

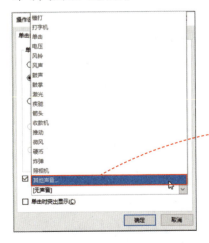
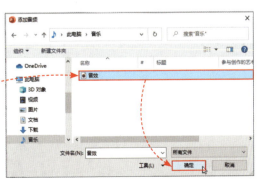
图 8-42

第9章
课件的放映和输出

　　课件制作完成后,接下来就可以根据放映场地的不同来调整放映方案。同时,还可将课件输出为各种不同格式的文件,以便在没有安装PowerPoint软件的计算机中也能够实现课件的共享操作。本章将介绍课件的放映与输出操作,包括设置课件的放映方式、使用墨迹功能讲解课件、课件的录制及输出课件等。

9.1 放映课件

放映课件是课件制作的最后一步，也是很重要的一步，因为制作完成的课件，最终是以放映的方式展示出来的。如果在放映过程中出现各种问题，会影响教学效果，所以教师在授课前，应仔细对课件进行调试，以保证课件能够正常放映。本节介绍放映功能的基本设置操作方法。

9.1.1 认识课件放映的模式

PowerPoint提供三种放映类型，分别为演讲者放映（全屏幕）、观众自行浏览（窗口）、在展台浏览（全屏幕）。下面分别对这三种类型进行简要说明。

1. 演讲者放映（全屏幕）

该类型是PowerPoint默认的放映类型。在放映过程中，用户可使用鼠标、翻页器及键盘来操控幻灯片的放映。

在"幻灯片放映"选项卡的"设置"选项组中单击"设置幻灯片放映"按钮，在"设置放映方式"对话框中单击"演讲者放映（全屏幕）"单选按钮，可切换至该放映类型。按F5键系统会以全屏模式进行放映，如图9-1所示。

图 9-1

2. 观众自行浏览（窗口）

该类型适用于自主学习类的课件，是让观众自己通过单击"动作"按钮或链接来实现自由观看的一种方式。在"设置放映方式"对话框中单击"观众自行浏览（窗口）"单选按钮即可启动该类型。按F5键，当前幻灯片就会以窗口方式放映，如图9-2所示。

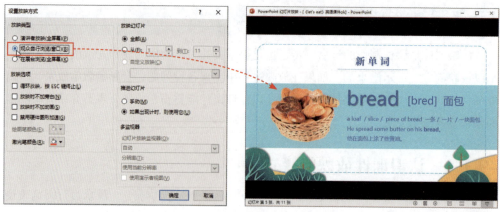

图 9-2

3. 在展台浏览（全屏幕）

该类型是在无人操控下自行放映幻灯片。如果选择该放映类型，需预先设定每张页面的换片时间（具体换片时间的设置请参阅第7.3.2节的内容介绍）。在"设置放映方式"对话框中单击"在展台浏览（全屏幕）"单选按钮即可，如图9-3所示，按F5键，幻灯片会以全屏方式放映。

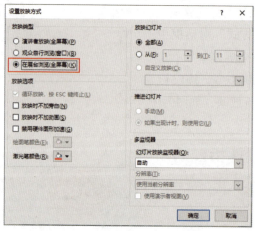

图 9-3

9.1.2 开始放映课件

PowerPoint的放映方式有两种，分别为"从头开始"和"从当前幻灯片开始"，这两种方式用户可根据需要选择使用。

1. 从头开始

在幻灯片预览窗格中，无论选择哪一张幻灯片，只要在"幻灯片放映"选项卡中单击"从头开始"按钮或按F5键，系统都会从第1张幻灯片开始按照顺序放映幻灯片，如图9-4所示。

图 9-4

2. 从当前幻灯片开始

如果只想从某一张幻灯片开始放映，那么在"幻灯片放映"选项卡中单击"从当前幻灯片开始"按钮或按Shift+F5组合键，即可从当前选中的幻灯片开始依次放映，如图9-5所示。

图 9-5

9.1.3 放映课件指定的内容

以上两种方式是依次放映课件所有内容，如果用户只想放映课件中的某一部分内容，可使用自定义放映功能。

在"幻灯片放映"选项卡的"开始放映幻灯片"选项组中单击"自定义幻灯片放映"下拉按钮，在弹出的下拉列表中选择"自定义放映"选项，如图9-6所示，打开"自定义放映"对话框，单击"新建"按钮，如图9-7所示。

> **知识点拨**
>
> 在课件内容比较少（如5~10页）的情况下，如果想指定放映内容，可使用"隐藏幻灯片"功能，将不需要的幻灯片隐藏即可（具体操作请参阅第2.3.4节的内容）。在课件较多的情况下，建议使用"自定义幻灯片放映"功能来操作。

图 9-6

图 9-7

在"定义自定义放映"对话框中，先对"幻灯片放映名称"进行重命名，然后"在演示文稿中的幻灯片"列表中勾选所需放映的幻灯片，单击"添加"按钮，被勾选的幻灯片会添加至右侧"在自定义放映中的幻灯片"列表中，如图9-8所示。

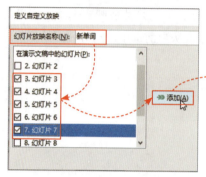 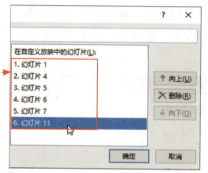

图 9-8

"在自定义放映中的幻灯片"列表中选择所需幻灯片，单击"向上"或"向下"按钮，可调整该幻灯片的放映顺序，单击"删除"按钮可删除该幻灯片，单击"确定"按钮，返回上一层对话框完成自定义放映操作，单击"放映"按钮即可放映，如图9-9所示。

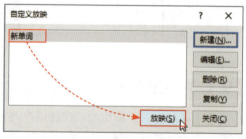

图 9-9

当下次想调用自定义放映的幻灯片时，可在"幻灯片放映"选项卡中单击"自定义幻灯片放映"下拉按钮，在弹出的下拉列表中选择幻灯片名称即可，如图9-10所示。

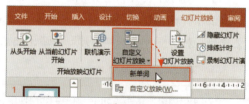

图 9-10

知识点拨

想要删除自定义放映的幻灯片，在"自定义幻灯片放映"下拉列表中选择"自定义放映"选项，在打开的对话框中单击"删除"按钮即可。

9.1.4 自动放映课件

当用户需要控制课件的放映时间，可为其设置排练计时功能。该功能可以按照用户设定的时间自动放映课件内容。

打开所需课件内容，在"幻灯片放映"选项卡中单击"排练计时"按钮，如图9-11所示。此时课件进入放映状态并打开"录制"窗口，如图9-12所示。

图 9-11

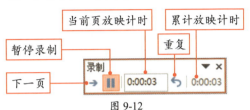

图 9-12

在录制窗口中，单击"下一页"按钮即可切换到下一页幻灯片并开始对下一页幻灯片进行计时操作。完成所有幻灯片计时后，系统会打开提示对话框，询问"是否保留幻灯片计时？"单击"是"按钮退出计时模式，如图9-13所示，返回到普通视图模式。单击状态栏中的"幻灯片浏览"按钮切换到该视图界面，此时在每张幻灯片右下角会显示计时时间，如图9-14所示。放映幻灯片时，系统会按照这些时间自动进行放映操作。

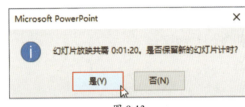

图 9-13

图 9-14

动手练 自定义放映语文课件

下面以《荷花》语文课件为例来为其设定自定义放映操作。

Step 01 打开《荷花》课件素材文件，在"幻灯片放映"选项卡中单击"自定义幻灯片放映"下拉按钮，在弹出的下拉列表中选择"自定义放映"选项，打开"自定义放映"对话框，单击"新建"按钮，如图9-15所示。

Step 02 在"定义自定义放映"对话框中对幻灯片放映进行重命名，在"在演示文稿中的幻灯片"列表框中勾选所需幻灯片，如图9-16所示。

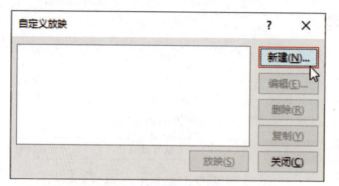
图 9-15

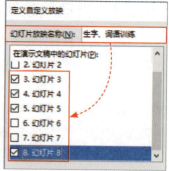
图 9-16

Step 03 单击"添加"按钮,将选择的幻灯片添加至"在自定义放映中的幻灯片"列表框中,单击"确定"按钮,如图9-17所示。

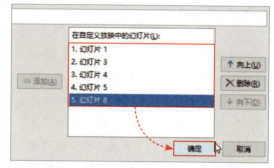
图 9-17

Step 04 返回上一层对话框,单击"放映"按钮可查看设置效果,如图9-18所示。至此,完成语文课件自定义放映操作。

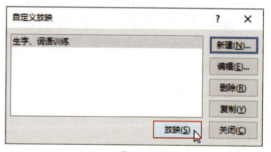
图 9-18

9.2 对课件进行讲解

在课件放映的过程中,用户可对其内容进行标记,例如画重点、添加注释内容等。本节介绍如何对幻灯片内容进行标注及旁白添加的操作方法。

9.2.1 对重点内容进行标记

在幻灯片放映过程中,单击左下角的 ◎ 按钮,在弹出的列表中用户可以根据需要设置标记样式,例如在列表中选择颜色,如图9-19所示,然后使用鼠标拖曳的方法即可对重点内容进行标记,如图9-20所示。

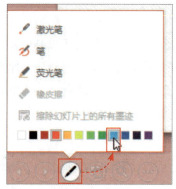

图 9-19　　　　　　　　　图 9-20

注意事项　"笔"选项为默认标记样式，如果需要更换笔样式，先选择样式，然后再选择标记颜色即可。

如果需要删除错误的标记，则再次单击 按钮，在弹出的列表中选择"橡皮擦"选项并在页面中单击要删除的标记即可，如图9-21所示。

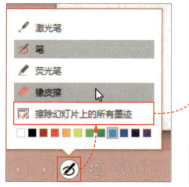

图 9-21

在放映过程中按Esc键则退出放映模式。此时系统会打开提示对话框，询问"是否保留墨迹注释"，单击"保留"按钮进入普通视图界面，其标记也会保留在幻灯片中，如图9-22所示，单击"放弃"按钮，其标记将自动清除。

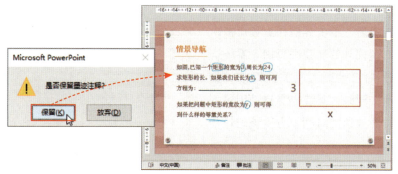

图 9-22

9.2.2 录制旁白

如果需要为课件的重点内容进行讲解，可以为其添加旁白，这样可以避免教师重复讲解，同时也提高了学生课后自主学习的积极性。具体操作方法为，选择要添加旁白的幻灯片，在"幻灯片放映"选项卡中单击"录制幻灯片演示"下拉按钮，在弹出的下拉列表中选择"从当前幻灯片开始录制"选项，在打开的录制界面中单击"录制"按钮，进入倒计时状态，倒计时结束后开始录制，如图9-23所示。

图 9-23

在录制过程中，用户可以为幻灯片添加注释。在录制界面下方工具栏中选择笔样式，即可在页面中进行标注，如图9-24所示。单击"下一页"按钮 或"上一页"按钮 可切换幻灯片，单击"停止"按钮可取消录制操作，如图9-25所示。

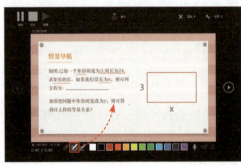

图 9-24

图 9-25

录制结束后，单击界面任意处可退出录制界面，返回到普通视图界面。系统会将录制的旁白自动插入相关页面中，如图9-26所示，同时，系统也会自动记录下每张幻灯片所停留的时间，方便该幻灯片的放映操作。

图 9-26

9.3 输出课件

为了方便在没有安装PowerPoint软件的计算机上能够查看课件内容，用户可将课件转换成其他格式文档。本节介绍几种常见的输出操作方法。

9.3.1 将课件进行打包

课件中经常会用到很多素材文件，例如声音、视频及链接的文档等，如果缺少这些素材，课件就无法正常放映。为了避免这种现象的发生，用户最好将做好的课件进行打包设置，以保证课件在任意一台计算机上都能够正常放映。下面介绍具体打包操作方法。

在"文件"菜单中选择"导出"选项，在"导出"界面中选择"将演示文稿打包成CD"选项，单击右侧的"打包成CD"按钮，如图9-27所示。

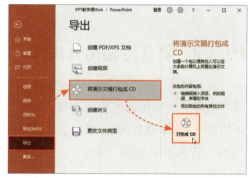

图 9-27

打开"打包成CD"对话框，单击"复制到文件夹"按钮，在"复制到文件夹"对话框中对"文件夹名称"进行重命名，设置需要复制到的新位置，如图9-28所示。

图 9-28

单击"确定"按钮，打开系统提示框，单击"是"按钮，如图9-29所示。

图 9-29

完成打包操作后,系统会自动打开打包的文件夹,当前课件的所有素材都保存在此处,如图9-30所示,PresentationPackage文件夹中包含了播放器及相关支持文件,如图9-31所示。

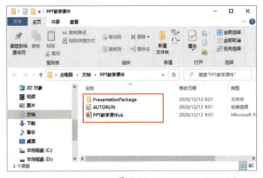

图 9-30

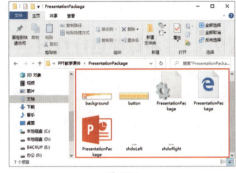

图 9-31

9.3.2 将课件输出为视频

为了保证在没有安装PowerPoint软件的计算机上也能够正常播放课件,用户可以将课件输出为视频格式。具体操作方法为,在"文件"选项卡中选择"导出"选项,然后在"导出"界面中选择"创建视频"选项,将"放映每张幻灯片的秒数"设置为10秒(默认为5秒),单击"创建视频"按钮,如图9-32所示。

图 9-32

如果课件设置了排练计时,系统会自动将"不要使用录制的计时和旁白"选项更改为"使用录制的计时和旁白",此外将"放映每张幻灯片的秒数"设置为0,如图9-33所示。

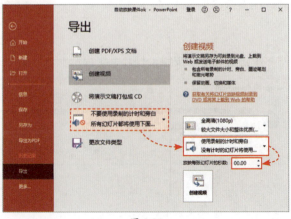

图 9-33

在"另存为"对话框中设置文件名和位置,单击"保存"按钮。此时在普通视图下方的状态栏中会显示出视频制作进度条,如图9-34所示。

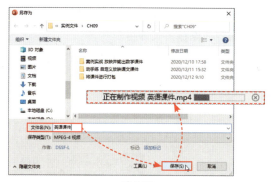

图 9-34

完成后双击保存的视频文件即可播放,如图9-35所示。

图 9-35

9.3.3 将课件输出为讲义

如果用户需要将做好的课件转换成讲义,可使用"创建讲义"功能来操作。具体操作方法为,在"文件"选项卡中选择"导出"选项,在"导出"界面中选择"创建讲义"选项,在右侧的列表中单击"创建讲义"按钮,如图9-36所示。在"发送到Microsoft Word"对话框中选择合适的讲义版式,单击"确定"按钮,如图9-37所示。

图 9-36

图 9-37

系统会自动新建Word文档并显示出相应的讲义版式，如图9-38所示。在此用户输入讲义内容，保存讲义即可。

图 9-38

动手练 将数学课件保存为放映模式

扫码看视频

用户将课件保存为放映模式后，双击课件即可直接进入放映状态，无须每次先打开PowerPoint软件再进行放映，同时，使用放映模式还能够避免他人恶意篡改课件的现象发生。下面以《二元一次方程》课件为例来介绍具体的保存操作方法。

Step 01 打开《二元一次方程》课件素材，在"文件"选项卡中选择"另存为"选项，在"另存为"对话框中将"保存类型"设置为"PowerPoint放映"选项，单击"保存"按钮即可，如图9-39所示。

Step 02 此时右击所保存的放映文件，在弹出的快捷菜单中选择"属性"选项，在打开的对话框中可查看到当前文件的扩展名为".ppsx"，该文件则为PPT放映文件，如图9-40所示，双击该文件即可进入放映状态。

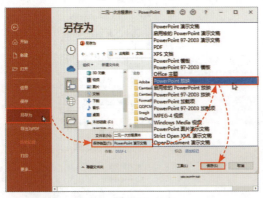

图 9-39

图 9-40

案例实战：放映并输出数学课件

下面利用本章所学内容来为《认识小数》课件设置两套放映方案并将其分别输出为PDF文件。在操作时所运用到的命令有自定义幻灯片放映和创建PDF/XPS等。

Step 01 打开《认识小数》课件素材文件，在"幻灯片放映"选项卡的"自定义幻灯片放映"下拉列表中选择"自定义放映"选项，如图9-41所示。

Step 02 在"自定义放映"对话框中单击"新建"按钮，如图9-42所示。

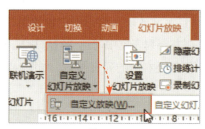
图 9-41

图 9-42

Step 03 在"定义自定义放映"对话框中，将"幻灯片放映名称"进行重命名，如图9-43所示。

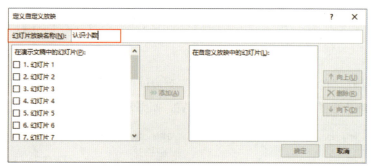
图 9-43

Step 04 在"在演示文稿中的幻灯片"列表框中勾选"幻灯片1～幻灯片12、幻灯片23"复选框，单击"添加"按钮，将其添加至右侧的"在自定义放映中的幻灯片"列表框中，如图9-44所示。

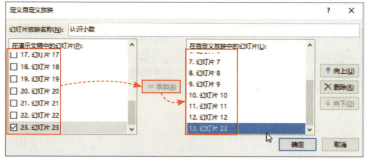
图 9-44

Step 05 选择完成后单击"确定"按钮,返回上一级对话框,完成一个课件放映方案的设置操作,如图9-45所示。

图 9-45

Step 06 再次单击"新建"按钮,在"定义自定义放映"对话框中设置第2套放映方案。将"幻灯片放映名称"进行重命名,同时在左侧列表框中勾选"幻灯片2、幻灯片13~幻灯片23"选项,单击"添加"按钮,将其添加至右侧的列表框中,如图9-46所示。

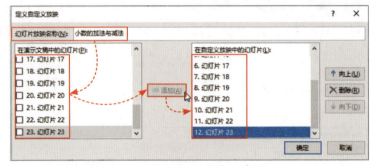

图 9-46

Step 07 在"在自定义放映中的幻灯片"列表框中选择"幻灯片2"选项,单击"向下"按钮,将其调整至"幻灯片13"下方位置,如图9-47所示。

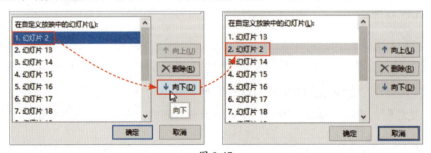

图 9-47

Step 08 设置完成后单击"确定"按钮,返回上一级对话框,单击"关闭"按钮,完成两套放映方案的设置操作,如图9-48所示。

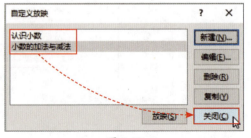

图 9-48

Step 09 在"幻灯片放映"选项卡中单击"设置幻灯片放映"按钮,打开"设置放映方式"对话框,在"放映幻灯片"选项组中单击"自定义放映"单选按钮,将"认识小数"选项设置为默认放映方案,如图9-49所示。

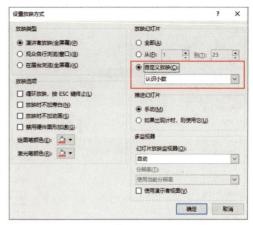

图 9-49

Step 10 在"文件"选项卡中选择"导出"选项,在右侧的导出界面中单击"创建PDF/XPS"按钮,如图9-50所示。

图 9-50

Step 11 在"发布为PDF或XPS"对话框中单击"选项"按钮,如图9-51所示。

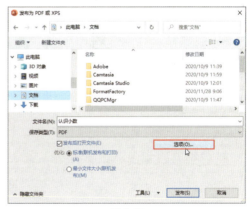

图 9-51

Step 12 在打开的对话框中单击"自定义放映"单选按钮,在其后方的列表框中选择"认识小数"选项,其他均为默认操作,如图9-52所示。

Step 13 单击"确定"按钮,返回上一级对话框,单击"发布"按钮,即可将当前放映方案输出成PDF格式的文档,如图9-53所示。

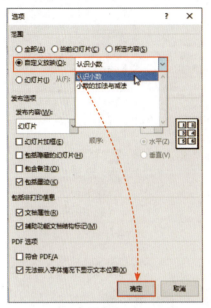

图 9-52

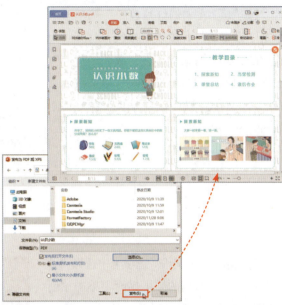

图 9-53

Step 14 按照同样的操作方法，将第2套放映方案也输出为PDF格式的文件，如图9-54所示。至此两套课件输出完成。

图 9-54

新手答疑

1. Q：如何取消自动放映操作？

A：在"幻灯片放映"选项卡中取消勾选"使用计时"复选框，即可禁用排练计时功能，如图9-55所示。此外，在"切换"选项卡中取消勾选"设置自动换片时间"复选框即可，如图9-56所示。

图 9-55

图 9-56

2. Q：在课件放映过程中，如何快速定位到某一张幻灯片？

A：在放映过程中，在任意处右击，在弹出的快捷菜单中选择"查看所有幻灯片"选项，在打开的幻灯片预览界面中单击所需幻灯片即可打开，如图9-57所示。

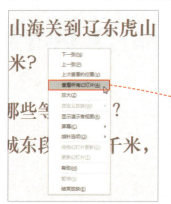
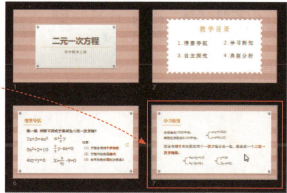

图 9-57

3. Q：可以将 PPT 文件导出为图片格式吗？

A：可以。打开"另存为"对话框，将"保存类型"设置为"JPEG文件交换格式"，然后在打开的对话框中根据需要选择要导出的幻灯片即可，如图9-58所示。

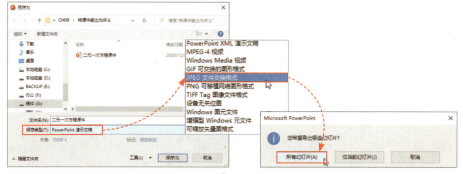

图 9-58

第10章
制作数学考前辅导课件

本章将综合之前所学的知识点制作一份数学辅导课件,以达到巩固教学的目的。在制作过程中用到的重点功能有课件版式的制作、图形图像的插入与美化、特殊符号及公式的快速输入、组合动画的添加与设置、添加链接设置等。

10.1 制作课件内容

本案例利用母版功能先对课件的版式进行设置，然后再利用各种基本功能来组织课件内容，下面从制订教学计划开始来介绍具体的制作方法。

10.1.1 制定课件教学计划

无论制作哪一类课件，都需要规划本课件的教学计划及课件结构图，按照计划按部就班地制作课件，才不会手忙脚乱。

1. 教学计划

课件的教学计划如表10-1所示。

表 10-1

课件题目	高三数学考前指导
教学目标	通过对往年高考重点题型的解析，让学生明确哪一部分是自己的薄弱环节并加以强化训练，提高解题能力
创作平台	PowerPoint 2019
内容简介	本课件共16张幻灯片，分两个课时讲解完成 第1课时内容为"了解考试大纲"和"注意考试细节"。先熟悉《考试说明》内容，了解命题动态，然后列举往年考题，以此讲解答题过程中的得分关键点 第2课时内容为"解析往年试题"。主要是对往年典型试题进行解析，列举多条易错警示内容，使用合理的解题思路

2. 课件整体结构图

课件结构如图10-1所示。

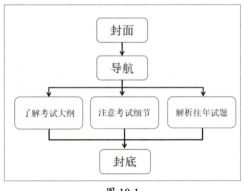

图 10-1

10.1.2 制作课件版式

本案例的版式是利用母版功能来制作的，具体操作方法如下。

Step 01 新建空白演示文稿，在"视图"选项卡中单击"幻灯片母版"按钮，打开幻灯片母版视图界面，选择第1张母版幻灯片，删除页面中多余的占位符，如图10-2所示。

Step 02 单击"背景样式"下拉按钮，在弹出的列表中选择"设置背景格式"选项，打开同名设置窗格，设置背景填充颜色，如图10-3所示。

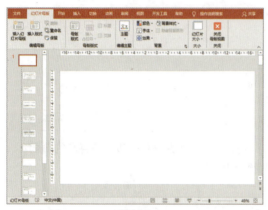
图 10-2

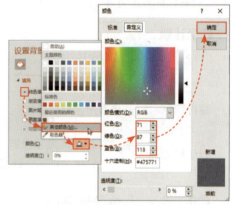
图 10-3

Step 03 背景色设置完成后，插入"白云背景"和"飞机"图片素材至母版页中，调整"飞机"素材的大小和位置，如图10-4所示。

Step 04 选择第2张标题版式页，在"幻灯片母版"选项卡中勾选"隐藏背景图形"复选框，单击"背景样式"下拉按钮，在弹出的列表中打开"设置背景格式"窗格，单击"图片或纹理填充"单选按钮，单击"插入"按钮，插入"背景图"图片素材，完成背景图的设置操作，如图10-5所示。

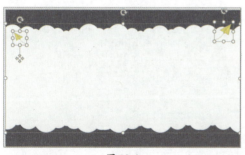
图 10-4

图 10-5

Step 05 选择空白版式页，同样隐藏背景图形，插入"背景图"图片素材并绘制矩形折角图形，调整其大小和位置，将图形设置为白色，无轮廓，如图10-6所示。

Step 06 插入"磁铁扣"图片素材至该页面中，调整其大小和位置，如图10-7所示。

图 10-6

图 10-7

Step 07 在"幻灯片母版"选项卡中单击"关闭母版视图"按钮，返回普通视图界面，完成版式页的制作操作。在"开始"选项卡中单击"新建幻灯片"下拉按钮，在弹出的列表中选择"空白"选项，为其添加目录幻灯片版式，如图10-8所示。

Step 08 按照同样的操作方法，再添加内容页版，如图10-9所示。

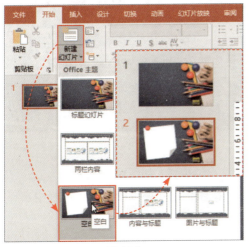

图 10-8

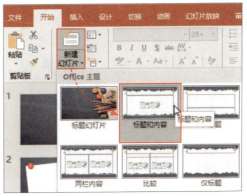

图 10-9

10.1.3 制作课件内容

课件版式制作完成后，接下来可制作课件内容。

Step 01 选择首张幻灯片，删除多余的占位符。利用文本框输入课件标题，设置标题文本的格式，放置在幻灯片左侧合适位置，如图10-10所示。

图 10-10

Step 02 在"形状"列表中选择"直线"形状，在标题上方按Shift键绘制直线，设置直线的颜色，如图10-11所示。

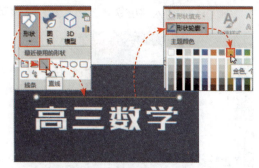

图 10-11

Step 03 选择直线，按Ctrl键将其复制至合适位置，将其中一条直线的粗细设置为6磅，如图10-12所示。

Step 04 利用文本框输入副标题内容，设置其文字格式，放置在幻灯片合适位置，如图10-13所示。

图 10-12

图 10-13

Step 05 绘制矩形，设置矩形填充色，放置在合适位置，如图10-14所示。

Step 06 在"插入"选项卡中单击"图标"按钮，在"插入图标"对话框中选择"√"图标，单击"插入（1）"按钮，如图10-15所示。

图 10-14

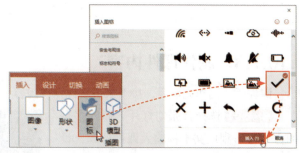

图 10-15

Step 07 在页面中显示出插入的图标，选择该图标，在"绘图工具-格式"选项卡中单击"形状填充"下拉按钮，在弹出的列表中可调整其图标颜色，如图10-16所示。

Step 08 调整图标大小并放置在矩形上方合适位置，如图10-17所示，至此标题页内容制作完成。

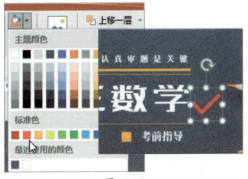
图 10-16

图 10-17

注意事项 插入"图标"功能是PowerPoint 2019版新增的功能，PowerPoint 2019以下无该功能。

Step 09 选择第2张幻灯片，使用文本框输入目录内容，设置文字格式，适当旋转文字，使其与纸面平行。选择目录内容文本框，将"行距"设置为"2.0"，调整其行距值，如图10-18所示，至此目录页内容制作完成。

Step 10 选择第3张内容页幻灯片，删除页面中多余的占位符，使用文本框输入该页内容，设置其文字格式和行距值，如图10-19所示。

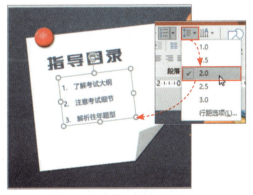
图 10-18

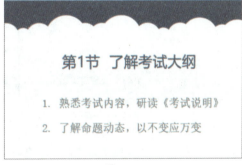
图 10-19

Step 11 复制第3张幻灯片至下方，创建第4张页幻灯片，更改该页内容，设置其文字格式和行距值，如图10-20所示。

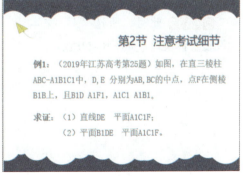
图 10-20

Step 12 将光标定位至"B1D"文本后，在"插入"选项卡中单击"符号"按钮，在"符号"对话框中单击"子集"按钮，在列表中选择"标点和符号"选项，打开相应的符号列表，在列表中选择"⊥"选项，单击"插入"按钮，如图10-21所示。

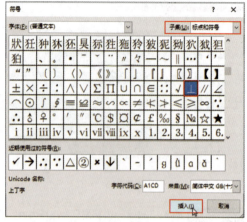

图 10-21

Step 13 此时在光标处即可插入该垂直符号，还可将该符号复制到其他位置。按照同样的操作插入"∥"符号，如图10-22所示。

Step 14 按Ctrl键同时选中文本中所有字母后的"1"字样，在"开始"选项卡中单击"字体"选项组右侧的 按钮，在"字体"对话框中勾选"下标"复选框，单击"确定"按钮，如图10-23所示。

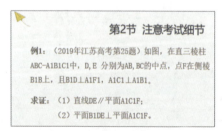

图 10-22

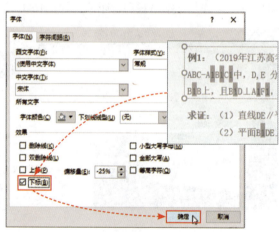

图 10-23

Step 15 此时，所选"1"文本均设置下标模式，如图10-24所示。

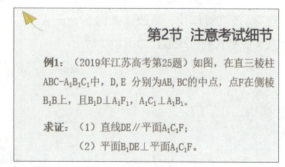

图 10-24

Step 16 将"第4页"图片素材插入至该幻灯片右侧合适位置,调整图片的大小,如图10-25所示。

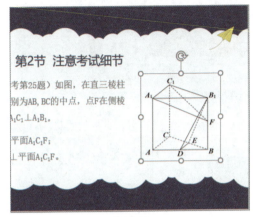

图 10-25

Step 17 按照第4张幻灯片的制作方法依次制作第5张、第6张、第7张幻灯片的内容。

Step 18 同样复制第7张幻灯片至其下方,根据需要更改文字内容。将光标放置在"cosB="字样后,在"插入"选项卡中单击"公式"下拉按钮,在弹出的列表中选择"插入新公式"选项,在"公式工具-设计"选项卡中单击"分式"下拉按钮,在弹出的列表中选择"分式(竖式)"选项,插入分式,如图10-26所示。

Step 19 将光标定位至分式的分母方框中,输入"5",然后定位至分子方框中,输入"4",完成分式的输入操作,如图10-27所示。

Step 20 选中输入的分式,将其复制到"C="文本后,选择分母,将数字更改为"4",选中分子,在"公式工具-设计"选项卡的"符号"列表中选择"π"选项,如图10-28所示,完成分式的更改操作。

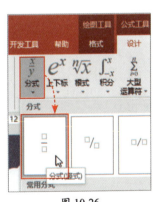

图 10-26

图 10-27

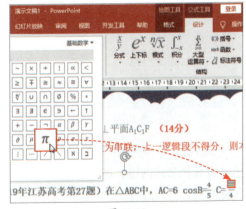

图 10-28

Step 21 将光标定位至"答案:(1)5"文本后,打开"公式工具-设计"选项卡,单击"根式"下拉按钮,在弹出的列表中选择"平方根"选项,插入根式,如图10-29所示。

Step 22 选择根式中的方框,输入数值即可,如图10-30所示。

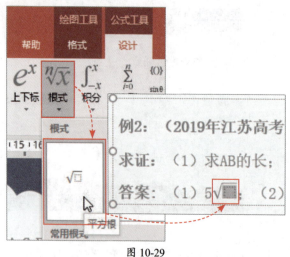

图 10-29

图 10-30

Step 23 将光标定位至"求证：××（2）求"文本后，在"插入"选项卡中单击"公式"下拉按钮，在弹出的列表中选择"墨迹公式"选项，打开"数学输入控件"面板，在此手动输入所需公式内容，如图10-31所示。

Step 24 公式确认无误后，单击"插入"按钮即可完成该公式的输入操作，如图10-32所示。

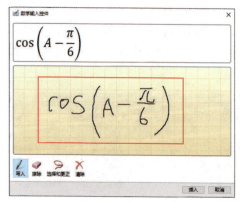

图 10-31

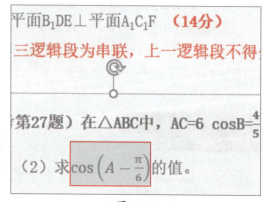

图 10-32

Step 25 按照同样的操作方法，输入本页其他公式内容，如图10-33所示。至此第8张幻灯片内容制作完成。

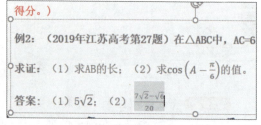

图 10-33

接下来用户按照以上介绍的公式插入、符号插入等方法，制作第9～15张内容幻灯片的制作，具体操作方法不再重复介绍。

复制封面幻灯片，将其粘贴至第15张幻灯片下方，创建结尾幻灯片，调整标题内容，如图10-34所示，至此课件内容制作完成。

图 10-34

10.2 为课件添加动画效果

为课件添加动画可以丰富课件内容，让枯燥的课件变得生动，当然，不是所有幻灯片都需要动画效果，用户选择重点内容添加即可。

10.2.1 设置封面页动画

本案例利用组合动画来强调"高三数学"及"考前指导"内容，具体操作方法如下。

Step 01 选择"高三数学"文本框，按Ctrl+D组合键复制。为了方便讲解，先将复制后的文本框调整至其他位置。选择复制后的文本框，在"动画"列表中，为其添加"放大/缩小"强调动画，如图10-35所示。

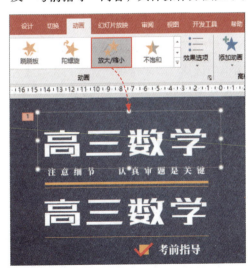

图 10-35

Step 02 保持该文本框为选中状态，在"动画"选项卡中单击"添加动画"下拉按钮，在弹出的列表中选择"淡化"选项，如图10-36所示。

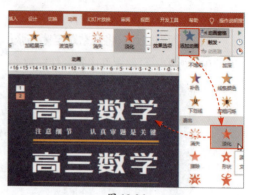

图 10-36

Step 03 单击"动画窗格"按钮，打开相应的设置窗格。在该窗格中选择第1项强调动画，将其"持续时间"设置为0.5秒（00.50），如图10-37所示。

Step 04 按住Ctrl键不放，同时选择第2项退出动画，将"开始"模式设置为"与上一动画同时"，如图10-38所示。

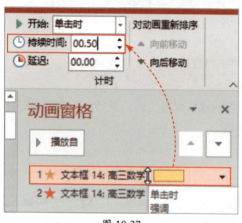

图 10-37

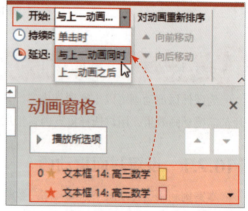

图 10-38

Step 05 右击第1项强调动画，在弹出的快捷菜单中选择"效果选项"选项，在"放大/缩小"对话框中，将"动画文本"设置为"按字母顺序"，将"字母之间延迟"设置为"20%"，单击"确定"按钮，如图10-39所示。

图 10-39

Step 06 按照同样的方法，设置第2项退出动画的"效果选项"，如图10-40所示。

图 10-40

Step 07 将复制后的文本移至原文本上进行叠加。在动画窗格中按"播放所选项"按钮，查看该标题的动画效果，如图10-41所示。

图 10-41

Step 08 在封面中选择"√"图标，为其添加"缩放"进入动画，将其"开始"模式设置为"上一动画之后"如图10-42所示。

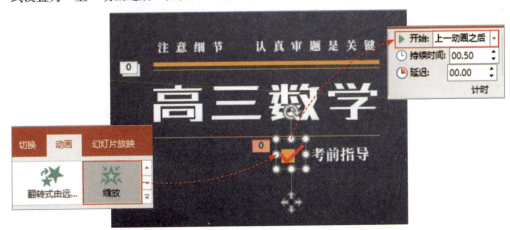

图 10-42

至此，封面页动画制作完成。在动画窗格中单击"全部播放"按钮，可播放当前页所有动画效果。

10.2.2 设置内容页动画

下面为第14张幻灯片内容添加文本强调动画，具体操作方法如下。

Step 01 选择第14张幻灯片中的内容文本框，在"动画"列表中选择"飞入"选项，单击"效果选项"下拉按钮，在弹出的列表中选择"自左侧"选项，如图10-43所示。

Step 02 单击"动画"选项组右侧的 按钮，打开"飞入"对话框，将"动画文本"设置为"按字母顺序"，将"字母之间延迟"设置为"5%"，单击"确定"按钮，如图10-44所示。

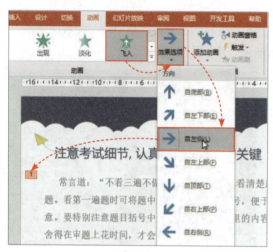

图 10-43

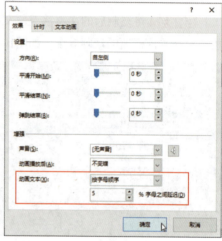

图 10-44

Step 03 绘制矩形并设置其颜色，将"轮廓"设置为"无轮廓"。右击矩形，在弹出的快捷菜单中选择"设置形状格式"选项，打开相应的设置窗格，将透明度设置为"30%"，如图10-45所示。

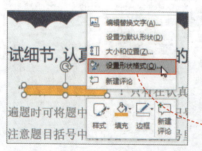

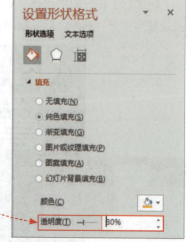

图 10-45

Step 04 将该矩形放在"不看三遍不做题"文本上方，调整该矩形的大小，然后，复制该矩形至"括号中的内容"上方，调整复制后的矩形的大小，如图10-46所示。

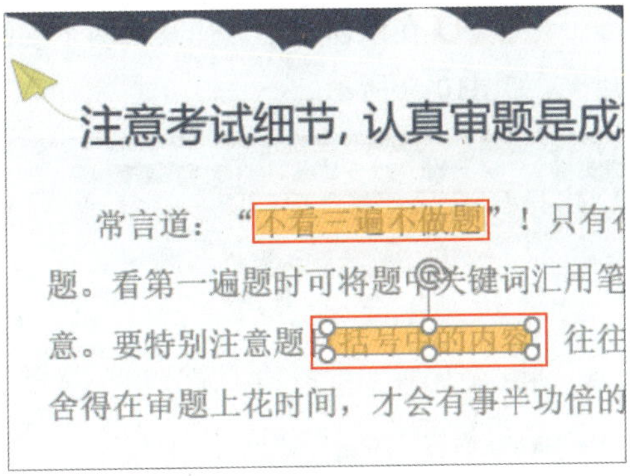

图 10-46

Step 05 同时选中这两个矩形，为其添加"擦除"进入动画，将"效果选项"设置为"自左侧"，如图10-47所示。

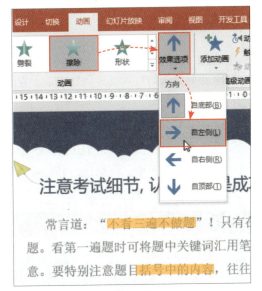

图 10-47

Step 06 再次选中两个矩形，右击，在弹出的快捷菜单中选择"置于底层"选项，如图10-48所示，将其放置文本下方。

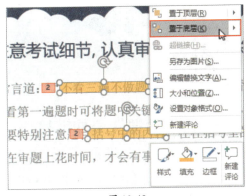

图 10-48

Step 07 打开动画窗格，将第1项文本动画的"开始"模式设置为"与上一动画同时"，如图10-49所示。

Step 08 在该窗格中选择其他两个动画项,将其"开始"模式设置为"上一动画之后",如图10-50所示。

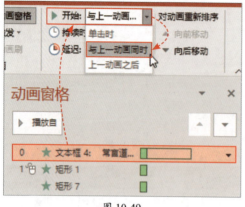

图10-49

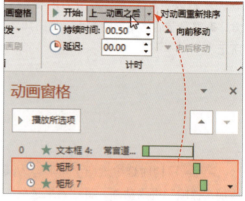

图10-50

至此第14张幻灯片动画添加完成。在动画窗格中单击"全部播放"按钮,可浏览当前页所有动画效果。

选择第3张幻灯片,在"切换"选项卡中为其添加"平移"切换效果,将"效果选项"设置为"自右侧",如图10-51所示,单击"应用到全部"按钮,将该切换效果快速应用至其他幻灯片中,将第1张和第2张幻灯片切换效果设置为"无",如图10-52所示。至此完成课件切换效果的添加操作。

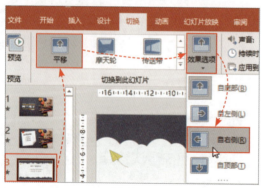

图10-51

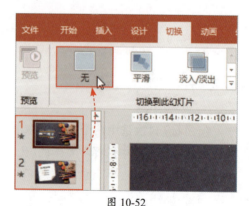

图10-52

10.2.3 为课件添加链接

由于课件内容较多,为了能更好地操控课件,可以为课件添加相应的链接,下面为课件目录页及第14张内容页添加链接操作,具体设置方法如下。

Step 01 选择第2张幻灯片中的"1.了解考试大纲"文本内容,在"插入"选项卡中单击"链接"按钮,打开"插入超链接"对话框,在"链接到"列表中选择"本文档中的位置"选项,在"请选择文档中的位置"列表中选择"3.幻灯片3"选项,单击"确定"按钮,如图10-53所示。

Step 02 此时被选中的文本已添加了相应的链接,如图10-54所示。

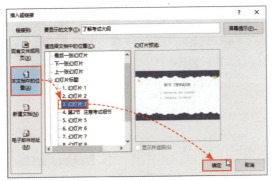

图10-53

图10-54

Step 03 按照相同的操作方法,将"2.注意考试细节"和"3.解析往年题型"目录内容链接到相应的幻灯片中,如图10-55所示。

Step 04 选择第14张幻灯片并选择页面小标题内容,单击"链接"按钮,打开"插入超链接"对话框,在"链接到"列表中选择"现有文件或网页"选项,在右侧列表框中选择"讲义附件"素材文档,单击"确定"按钮,如图10-56所示。

图10-55

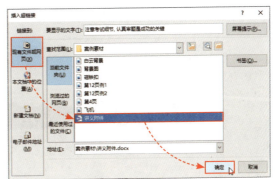

图10-56

Step 05 选择第4张幻灯片,在"插入"选项卡中单击"图标"按钮,打开"插入图标"对话框,在此选择一款图标样式,如图10-57所示,单击"插入"按钮,将其插入至页面中。

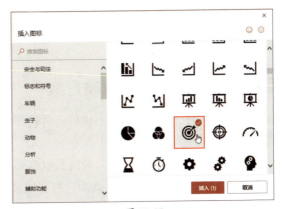

图10-57

Step 06 调整图标的颜色和大小。选择该图标,单击"动作"按钮,打开"操作设置"对话框,单击"超链接到"按钮,在其列表中选择"幻灯片"选项,在打开的对话框中选择"幻灯片2"选项,单击"确定"按钮即可完成返回链接的操作,如图10-58所示。

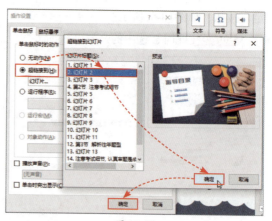

图 10-58

Step 07 将添加的链接按钮复制到第12张幻灯片中,完成其他页面中的返回链接操作,如图10-59所示。

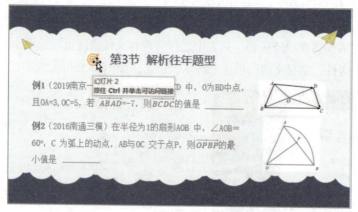

图 10-59

10.3 放映并输出课件

课件制作完成后,为了避免在放映时出现各种情况,则需要对课件的放映方式及输出格式进行调整。

10.3.1 设置课件放映方案

由于本课件分两个课时进行讲解,所以在调整时可以设置两套放映方案,以便更好地操控课件。

Step 01 在"幻灯片放映"选项卡中单击"自定义幻灯片放映"下拉按钮,在弹出的列表中选择"自定义放映"选项,打开同名对话框,单击"新建"按钮,如图10-60所示。

Step 02 打开"定义自定义放映"对话框,在该对话框中对"幻灯片放映名称"进行重命名,然后在"演示文稿中的幻灯片"列表中勾选所需幻灯片,单击"添加"按钮,将其添加至"在自定义放映中的幻灯片"列表,单击"确定"按钮,如图10-61所示,完成第1套放映方案的设置。

图 10-60

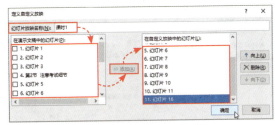

图 10-61

Step 03 返回上一级对话框,再次单击"新建"按钮,根据以上介绍的操作方法,新建第2套放映方案,如图10-62所示。

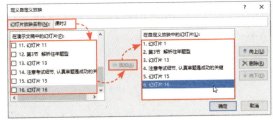

图 10-62

Step 04 在返回的对话框中单击"关闭"按钮,关闭对话框,如图10-63所示。至此,两套放映方案设置完成。

图 10-63

10.3.2 将课件输出为放映格式

课件的输出方式有很多种,下面将课件的两套放映方案都输出为放映格式,具体操作方法如下。

Step 01 在"幻灯片放映"选项卡中单击"设置幻灯片放映"按钮,打开"设置放映方式"对话框,单击"自定义放映"单选按钮,在列表中选择"课时1"选项,单击"确定"按钮,如图10-64所示。

Step 02 在"文件"列表中选择"另存为"选项,打开"另存为"对话框,设置文件名,将"保存类型"设置为"PowerPoint放映",单击"保存"按钮,如图10-65所示。

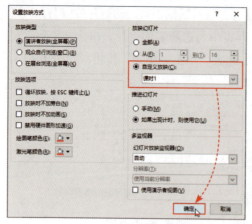

图 10-64

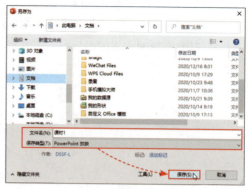

图 10-65

Step 03 再次单击"设置幻灯片放映"按钮,打开"设置放映方式"对话框,将"自定义放映"设置为"课时1",如图10-66所示。

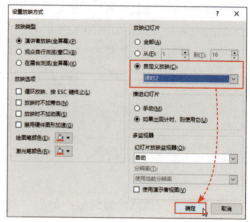

图 10-66

Step 04 打开"另存为"对话框,设置文件名,将"保存类型"设置为"PowerPoint放映",单击"保存"按钮,如图10-67所示。

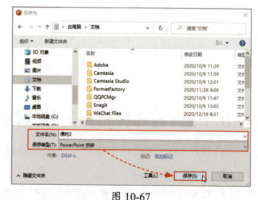

图 10-67

至此,数学考前指导课件制作完成。

QA 新手答疑

1. Q：如何快速复制添加的动画？

　　A：如果为课件中多个对象添加同一个动画效果，可使用"动画刷"功能复制动画。具体操作方法为，选择包含动画效果的对象，在"动画"选项卡中单击"动画刷"按钮，当光标变成刷子形状时，在需要添加动画的对象上单击即可，如图10-68所示。单击动画刷，可复制一次，双击动画刷，可复制多次，直到按Esc键退出操作为止。

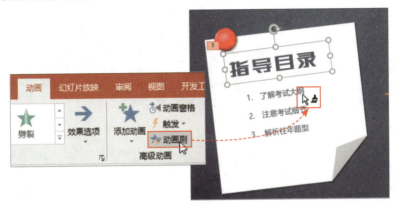

图 10-68

2. Q：在课件放映过程中，如何快速切换到黑屏或白屏状态？

　　A：课间休息时，教师可将课件切换到黑屏或白屏状态，待上课后继续放映课件。具体操作方法为，在放映过程中在页面任意处右击，在弹出的快捷菜单中选择"屏幕"选项，在级联菜单中选择"黑屏"或"白屏"选项即可，如图10-69所示。想要继续放映课件，右击，在弹出的快捷菜单中选择"屏幕"选项，在其级联菜单中选择"屏幕还原"选项即可，如图10-70所示。

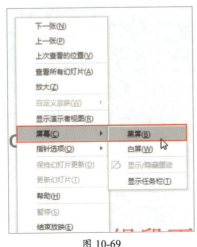

图 10-69

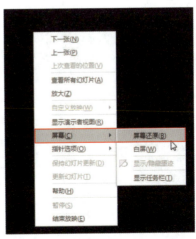

图 10-70

附录

附录A 课件制作辅助小工具

制作课件时，除了组织好内容外，课件素材的收集与获取也很关键。往往获取素材需要占用教师们大量时间，其过程也比较烦琐。为了能够减轻教师们的制作负担，下面讲述几款课件制作小工具，以供教师参考使用。

1. 截屏工具

截图软件有很多种，其中QQ截图最为常用，但如果计算机无法联网，QQ截图功能将无法使用。此时可以利用其他截屏软件来操作，例如Snagit软件。

Snagit软件是一款非常实用的屏幕截图软件，不仅可以满足基本截图需求，还能够截取动态图像，轻松制作出GIF动图效果。下面以Snagit 2018为例来进行简单介绍。

（1）截取静态图像。

安装Snagit 2018软件后，系统会显示出两种应用图标，如图A-1所示，其中红色图标为截图工具，蓝色图标为编辑工具。

图 A-1

双击红色图标，可启动软件设置面板，单击右侧的"捕获"按钮可进入截图界面，如图A-2所示。

图 A-2

此时，系统会自动定位至屏幕窗口，单击即可截取该窗口图像，如图A-3所示。如果只想截取窗口中部分区域，则使用鼠标拖曳的方法框选出截取范围即可，如图A-4所示。

图 A-3

图 A-4

图像截取后，系统会自动打开Snagit编辑器，在此用户可以根据需要对截取的图像进行编辑设置，例如，想要抠除图像中某个元素，则在上方工具栏中选择"形状"选项，单击编辑器右下角的"属性"按钮，打开"快速样式"设置面板，单击"工具属性"选项组中的"填充"下拉按钮，在弹出的列表中单击 按钮，吸取该元素周边的颜色，如图A-5所示，然后使用鼠标拖曳的方法绘制形状，遮盖掉所需元素即可，如图A-6所示。

图 A-5

图 A-6

图像编辑完成后，在菜单栏中单击"文件"按钮，在列表中选择"另存为"选项，即可将编辑后的图像进行保存操作。也可直接右击图像，在弹出的快捷菜单中选择"复制"选项，将该图像直接粘贴至其他文档中。

（2）截取动态图像。

如果想要在课件添加GIF动态图片，该软件也是一个不错的选择。

在Snagit截图面板中单击"视频"选项卡，将该选项卡中的参数都保持默认状态，单击"捕获"按钮，进入截图界面，选择截取区域后，单击任意处即可启动录制面板，如图A-7所示。

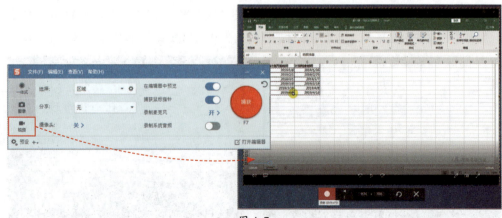
图 A-7

单击录制面板中的 ■ 按钮，进入倒计时界面。倒计时结束后，开始正式录制。录制完成后单击录制面板中的 ■ 按钮完成录制。

此时在打开的Snagit编辑面板中会显示刚录制的图像。单击播放器中的 ▶ 按钮，可浏览录制的结果。确认无误后，单击 ■ 按钮，在"创建GIF"对话框中单击"创建"按钮，稍等片刻即可完成创建操作，如图A-8所示。

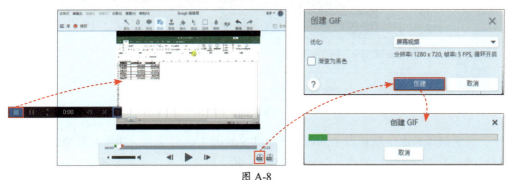

图 A-8

最后，在菜单栏中单击"文件"按钮，在其列表中选择"另存为"选项，即可将该动图输出，如图A-9所示。

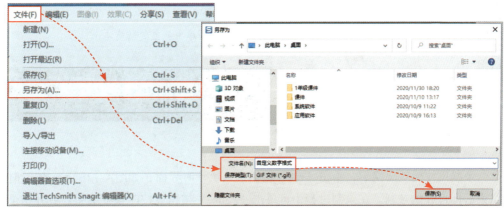

图 A-9

2. 视频录制工具

Camtasia Studio是一款专业的屏幕录制软件，其提供了强大的屏幕录像、视频剪辑、视频菜单制作、视频剧场、视频播放等功能，在教学方面，受到广大教师的欢迎。下面以Camtasia Studio 6.0为例对该软件进行简单介绍。

（1）录制视频。

启动Camtasia Studio软件，进入操作界面，单击"录制屏幕"按钮，即启动录制器界面，如图A-10所示。

图 A-10

在录制器界面中默认以全屏区域（Full Screen）进行录制。如果需要调整录制区域，可单击"Custom"按钮，在弹出的列表中输入屏幕尺寸，或者手动调节录制区域，如图A-11所示。

图 A-11

录制尺寸确认无误后，单击"rec"按钮进入倒计时界面，如图A-12所示，倒计时结束后即可开始录制。在录制过程中可单击"Pause"按钮或按F9快捷键暂停或开始录制，单击"Stop"按钮或按F10键结束录制。

图 A-12

结束录制后，系统会自动打开视频预览界面，在此用户可以预览所录制的视频。单击右下角"Save"按钮，打开保存对话框，设置保存路径及文件名，单击"保存"按钮即可保存录制的视频，如图A-13所示。

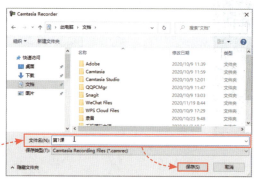

图 A-13

（2）编辑视频。

视频录制完成后，用户可对录制的视频进行简单编辑，例如添加注释，如图A-14所示，添加视频间的切换，如图A-15所示，以便呈现出更好的视频效果。

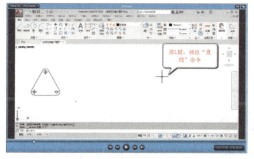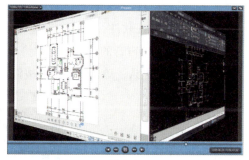

图 A-14　　　　　　　　　　　　　　图 A-15

（3）导出视频。

利用该软件可将编辑好的视频导出为各种格式，以适用于各类播放器。

单击"文件"按钮，在列表中选择"生成视频为"选项，在"生成向导"界面中单击"下一步"按钮，如图A-16所示。在打开的界面中选择要生成的视频格式，如图A-17所示。接下来依次单击"下一步"按钮，直到"输出文件"界面，设置导出的位置及名称，单击"完成"按钮，如图A-18所示。

图 A-16　　　　　　　　　图 A-17　　　　　　　　　图 A-18

3. 声音剪辑工具

GoldWave软件是一款功能强大的音频编辑器，利用该软件可以转换各类音频文件。此软件体积小，在计算机配置方面要求不高，对一般的声音效果处理游刃有余。下面以GoldWave 5.1为例来进行简单介绍。

（1）录制声音。

启动GoldWave软件，单击"新建"按钮，打开"新建声音"对话框，在"初始化长度"选项中调整声音的时长，例如将"初始化长度"设置为"30:00.0（30分钟）"，其他选项均保持默认，单击"确定"按钮，即可新建一份30分钟的声音文档，如图A-19所示。

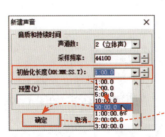 

图 A-19

在工具栏中单击 按钮开始录制声音。在录制的过程中，系统会根据声音的高低显示出不同的波形图案。录制结束后，单击 按钮完成录制，图A-20所示是录制好的声音文件。

录制结束后，可将录制的声音文件保存为各种音频格式，如图A-21所示。

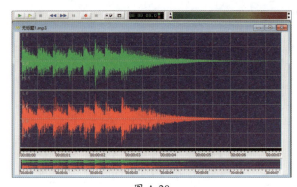 

图 A-20　　　　　　　　　　　　　图 A-21

（2）编辑声音。

在使用录屏软件录制视频后，如果对声音不满意，可以将声音单独提取出来，利用GoldWave软件进行编辑。

启动GoldWave软件，将要编辑的声音文件拖至界面中，即可打开该声音文件，此时系统会将所有波段全部选中。如果需要删除该波段中的某一段，使用鼠标拖曳的方法框选出该波段将其单独选中即可，如图A-22所示。

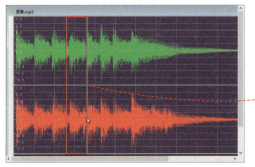 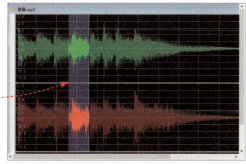

图 A-22

选择完成后，单击"删除"按钮可将被选中的波段删除。如果想单独提取出被选中的波段，可在工具栏中单击"剪裁"按钮，此时未选中的波段将被删除，保留选中的波段，如图A-23所示。

 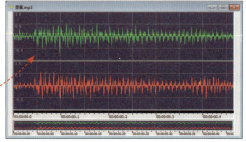

图 A-23

由于条件限制，用户在采集声音时多多少少会录入一些杂音。为了使声音更清晰，通常会对声音进行降噪处理。

打开所需编辑的声音文件，在菜单栏的"效果"列表中选择"滤波器"选项，在其级联列表中选择"降噪"选项，如图A-24所示。在打开的设置对话框中，单击"确定"按钮即可完成降噪操作，如图A-25所示。

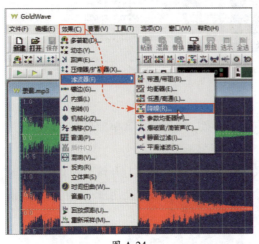

图 A-24　　　　　　　图 A-25

4. 动画课件制作工具

多媒体课件制作软件有很多，除使用频率较高的PowerPoint软件外，Focusky（以下简称Fs）动画演示大师软件也受到不少教师的欢迎，借助它可以轻松制作出一些生动有趣的动画效果，让课件不再单调、枯燥。下面以Fs 4.0为例，对该软件进行简单介绍。

（1）利用海量模板快速制作动画课件。

Fs软件内置了大量的课件模板和素材，方便新手用户直接套用。启动Fs软件后即进入模板界面，单击要下载的课件模板，如图A-26所示，系统将自动进行下载并打开该模板，如图A-27所示。

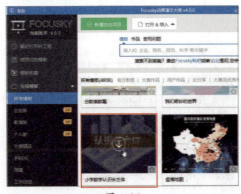

图 A-26　　　　　　　图 A-27

与PowerPoint软件一样，在Fs软件界面左侧导航栏中，用户可以选择幻灯片并对其内容进行编辑，如图A-28所示。双击页面中的文字内容即进入编辑状态，在此可重新输入内容，或在上方显示的格式工具栏中对文字格式进行设置，如图A-29所示。

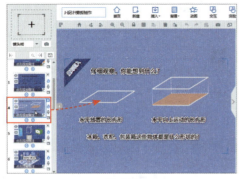

图 A-28　　　　　　　　　　　　　　图 A-29

选择页面中的图形，在右侧编辑面板中可对该图形的样式、效果进行设置，如图A-30所示。

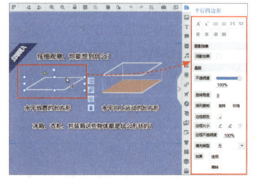

图 A-30

如果需要添加图形，在界面上方功能区中单击"插入"下拉按钮，在弹出的列表中选择"图片"选项，在打开的对话框中选择图片即可，如图A-31所示。此外，利用"插入"列表中的"视频""音乐""公式"等命令，可在当前页中插入相应的元素。

图 A-31

选择页面中任意对象，在功能区中单击"动画"按钮，即进入动画设置界面，在右侧动画设置面板中，可看到当前页所有动画效果，如图A-32所示。如对其中某动画进行修改，可单击该动画项的 按钮，在"选择一个动画效果"界面中选择新动画效果即可，如图A-33所示。

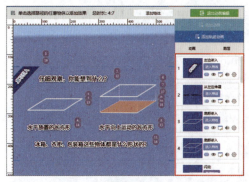

图 A-32　　　　　图 A-33

动画编辑完成后，单击界面右上角"退出动画编辑"按钮，即可进入正常操作界面。当课件制作完成后，单击功能区中的"输出"按钮，打开"输出Focusky"界面，在此选择输出的类型，一般选择"Windows应用程序（.exe）"选项，单击"下一步"按钮，如图A-34所示。

图 A-34

在打开的界面中设置输出路径及文件名，单击"输出"按钮，如图A-35所示。

图 A-35

（2）对现有的PPT课件进行优化。

如果用户想对现有的PPT课件进行美化，可将其直接导入至Fs软件中，然后利用该软件的相关功能进行编辑加工。

启动Fs软件，在模板界面中单击"打开&导入"下拉按钮，在弹出的列表中选择"导入PPT新建项目"选项，在打开的对话框中选择所需PPT课件，单击"打开"按钮，如图A-36所示。

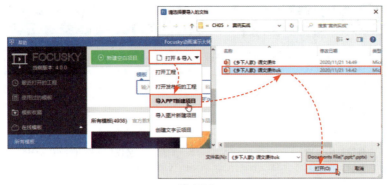

图 A-36

在打开的操作界面中，用户可根据需要设置"解析与加载PPT""选择页面""选择布局方式""选择模板"这四步流程，依次单击"下一步"按钮即可导入该PPT课件，如图A-37所示。

图 A-37

在打开的操作界面中，用户可查看到所有导入的幻灯片，单击所需幻灯片即可对其内容进行编辑，如图A-38所示。具体的编辑方法与以上介绍的操作方法相同，这里就不再赘述。

图 A-38

附录B　PPT知识点分布思维导图

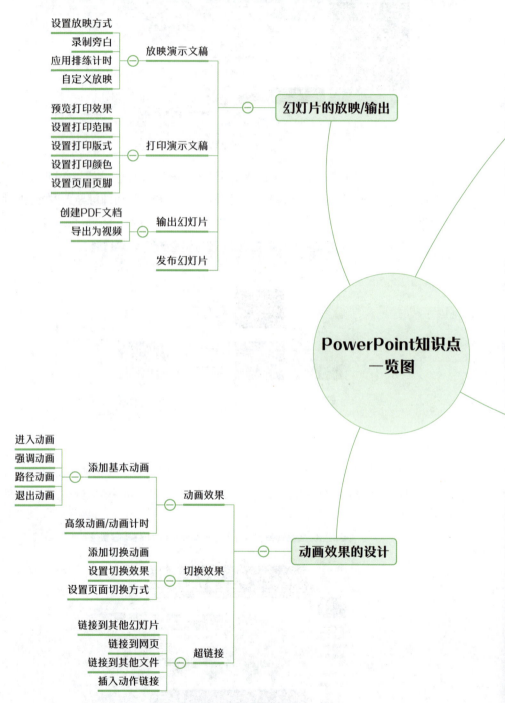

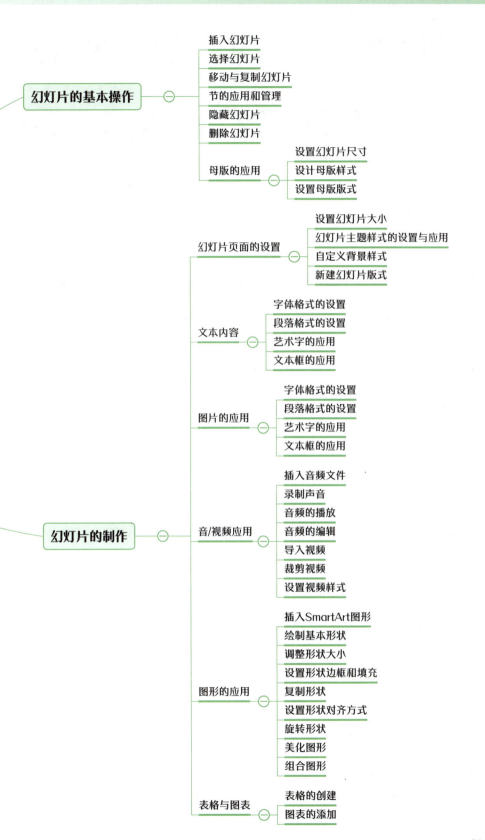

附录C 实用高效的PPT组合键

1. 功能键

按键	功能描述	按键	功能描述
F1	获取帮助文件	F2	在图形和图形内文本间切换
F4	重复最后一次操作	F5	从头开始运行演示文稿
F7	执行拼写检查操作	F12	执行"另存为"命令

2. 组合键

组合键	功能描述	组合键	功能描述
Ctrl+A	选择全部对象或幻灯片	Ctrl+B	应用（解除）文本加粗
Ctrl+C	执行复制操作	Ctrl+D	生成对象或幻灯片的副本
Ctrl+E	段落居中对齐	Ctrl+F	打开"查找"对话框
Ctrl+G	打开"网格线和参考线"对话框	Ctrl+H	打开"替换"对话框
Ctrl+I	应用（解除）文本倾斜	Ctrl+J	段落两端对齐
Ctrl+K	插入超链接	Ctrl+L	段落左对齐
Ctrl+M	插入新幻灯片	Ctrl+N	生成新PPT文件
Ctrl+O	打开PPT文件	Ctrl+P	打开"打印"对话框
Ctrl+Q	关闭程序	Ctrl+R	段落右对齐
Ctrl+S	保存当前文件	Ctrl+T	打开"字体"对话框
Ctrl+U	应用（解除）文本下画线	Ctrl+V	执行粘贴操作
Ctrl+W	关闭当前文件	Ctrl+X	执行剪切操作
Ctrl+Y	重复最后操作	Ctrl+Z	撤销操作
Ctrl+Shift+F	更改字体	Ctrl+Shift+G	组合对象
Ctrl+Shift+P	更改字号	Ctrl+Shift+H	解除组合
Ctrl+Shift+<	增大字号	Ctrl+=	将文本更改为下标（自动调整间距）
Ctrl+Shift+>	减小字号	Ctrl+Shift+=	将文本更改为上标（自动调整间距）